平和力養成講座

To Improve "Peace-making Skills":
Learning from "Unpatriotic" Peace Activists

非国民が贈る希望のインタヴュー

MAEDA Akira
前田 朗 東京造形大学教授、平和力フォーラム代表 編著

ゲスト
鈴木裕子
根津公子
上原公子
安里英子
金静寅
辛淑玉
木村朗
立野正裕

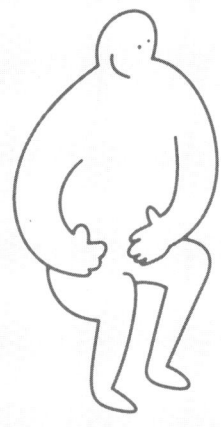

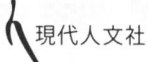
現代人文社

はしがき
——現代の非国民像

　本書は、平和力フォーラム主催の「非国民入門セミナー：そしてみんな非国民になった!?」という連続公開セミナーの記録です。同セミナーはすでに20回を越えていますが、本書には初期の8回分の記録を収録しました。

　同セミナーは、編者が先に出版した『非国民がやってきた！』の出版記念会を兼ねて、さまざまな現代の「非国民」にお話を伺うという趣旨で始めました。セミナーの呼びかけ文には上の著作から次の文章を引用しました。

　いつのまにか非国民の時代がよみがえってきました。

　郵便受けにチラシを入れただけで、いきなり逮捕され2カ月以上も拘禁された立川チラシ事件を考えてみてください。道を歩いていると突然、警察官に呼び止められて、どこへ行くのか、荷物を見せろと質問責めにされる人も増えています。町には情報が溢れ、何でも言えるし、あらゆる情報が入手できる。そんなふうに思っていたはずなのに、実はうかつなことを言うとどこから睨まれているかわかりません。当局に都合の悪い情報はしっかり検閲されています。

　自分が健全な国民であることを証明するためには、非国民を摘発し、指弾するのが一番です。周囲に非国民が潜んでいないか。怪しい人間はいないか。思想や行動の疑わしい者はいないか。テロリストが隠れていないか。非国民を創造／想像することで、国民を創造／想像する。国民の安全を損なう恐れのある非国民を迅速に摘発することが国民の証明になります。

　国民と非国民という対立軸を据えた社会は次々と非国民を狩り出していく宿命にあります。つねに非国民を叩いておかないと、国民の証明ができないからです。

　「非国民入門セミナー」などと銘打った企画自体、いささか常識はずれです。こんな企画に登場していただける方はなかなかいません。実際、当初は出演者探し

に手間取りました。しかし、探せばいるものです。待ってましたとばかりにお引き受けいただいた方もいます。憲法が無視され、市民の自由は危機的状況で、しかも市民自ら自由や権利を放り出して、権力に委ねてしまう有様です。この倒錯的な息苦しい時代、もはや「非国民」とでも言わないとやっていられないとの思いを抱いている方は、決して少なくないことがわかりました。

「非国民」という言葉を本書では定義していません。むしろ、「非国民」を生み出す状況や、「非国民」とされた人々の特徴を示すことによって、なぜいま「非国民」なのかを考え続けることが必要です。なぜなら、「非国民」は「国民」との関係で融通無碍に使われる伸縮自在な言葉だからです。同心円の中心にいる「国民」が、外側の円に位置する「非国民」を狩り出して行きます。いくつもの円が重なり合い、階層がつくり出されます。さまざまな「非国民」が創り出されて行くでしょう。それゆえ、明快な定義はできません。定義をしなくても通用してしまうことに、この言葉の恐ろしさがあるのです。

本書の第1部「自分を生きる」では、たとえ「非国民」と論難されようとも、権力に擦り寄ったり、多数派におもねったりすることなく、自分らしい人生を選んだ人々のお話を伺いました。鈴木裕子さん、根津公子さん、上原公子さんは、昔なら「孤高の精神」とでも呼ばれたかもしれません。しかし、単なる「孤高の精神」ではなく「人々に呼びかけ、つながる熱い精神」です。

第2部「差別と闘う」では、差別によって自分らしく生きることを否定されてきた人々が、差別と闘いながら自分らしさを追及している現実をお話いただきました。差別と闘うこととは、他者を糾弾することではありません。差別の現実を明るみに出し、その構造を解明し、差別―被差別の関係を組み替える言説こそが、差別との真の闘いなのです。安里英子さん、金静寅さん、辛淑玉さんの闘いを、私たちの闘いにするために、心を引き締めてお読みください。

第3部「時代に挑む」では、現代日本が置かれている状況を世界史的な大きな枠組みで理解し、そうした時代にモノを考え、次の一歩を踏み出すために、いかに生きるべきかを考えさせるお話を収録しました。同時代に立ち向うことと、自分自身を見つめ直すことの両方を同時遂行する知性です。木村朗さん、立野正裕さんの該博な知識に圧倒されるのではなく、時代に挑む知識人の覚悟に学んでください。

2010年11月　前田 朗

目 次

はしがき──現代の非国民像［前田 朗］……… 2

第1部　自分を生きる

私自身を生きる──金子文子の生き方に学ぶ［鈴木裕子］……… 9
　危機に立つフェミニズム
　女性国際戦犯法廷の輝き
　昭和天皇の戦争責任
　女性史研究への道
　金子文子の世界へ
　家制度のもとでの差別
　文子は何を見たか──思想背景
　同志・朴烈との出会い、そして天皇制との闘い
　文子の葛藤
　拷問する権力
　現代に甦る文子──次世代へ伝えるために

自分を偽らないために［根津公子］……… 29
　急激にやってきた暗黒の時代
　日の丸・君が代が強制される教育現場
　私の原点──父親の戦争
　厳しい攻撃のなかでわかった「自分を偽らない」
　統制する側の気持ち
　「不起立」で生まれた出会いと別れ
　市民的不服従のために
　それでも教師で居続ける

自治と平和をつくる闘い［上原公子］……… 49
　閉塞感を打ち破る希望
　原点としての日本国憲法
　自治と平和を掲げて
　住基ネットをつながない理由

自治への攻撃が強まる
初の無防備条例賛成意見
無防備地域宣言とは
無防備条例制定が持つ希望
国民保護計画は住民を守らない
跳ね返す学習を

第2部　差別と闘う

凌辱されるいのち──沖縄・尊厳の回復へ［安里英子］ 71

閉塞状態のいらだち
新政権への期待と市民が行動する必要
原点としての「由美子ちゃん事件」
「基地の街」コザで知る、連綿と続く性暴力
立ち上がる被害者たちの国際的な連帯
被害者の沈黙の意味を考える
第一人称としての沖縄
「うちなーナショナリスト」から世界に目を向けて
国を超えた女性のネットワークの希望

在日朝鮮人に対する差別［金静寅］ 95

不当な抑圧を受け続ける在日朝鮮人
同胞同士の助け合いから始まったセンター
朝鮮人差別を国際社会で問う
日本では理解されない民族教育の意義
在日朝鮮人が日本社会で生きて行くために

差別と闘うエネルギー［辛淑玉］ 113

野中広務の「遺書」
「知らなんだ」──朝鮮人は意識の外
野中さんが「国旗国歌法をやった」理由
朝鮮人の歌う君が代
アメリカの影
国家を背負わない
知ることから始まる

「済まなんだ」——知らないことの帰結
拉致問題へのスタンス
対等な人間関係を築くための人道支援

第3部　時代に挑む

新帝国主義の時代を生きる［木村 朗］……… 141

オバマ政権をどう見るか
日本のアメリカへの従属性そして、一体化へ
平和学研究者への道
ファシズムと帝国主義
原爆神話を問う
降伏の決定要因
日米安保の変容
日本核武装論の正体
希望をどこに見出すか〜平和学にできること

精神のたたかい——不服従の可能性［立野正裕］……… 161

人はなぜ旅に出るのか
太平洋戦争と英文学教育
処刑された兵士の墓〜慰霊の意味
祖母の沈黙をどう理解するか
社会のなかで芸術家が担う課題とは
「兵士の論理を超える」をイメージする
村上春樹の「壁と卵」の生ぬるさ
現代知識人の責任とは

あとがき［前田 朗］……… 186

第1部

自分を生きる

私自身を生きる
——金子文子の生き方に学ぶ

危機に立つフェミニズム

前田 鈴木さんは、非常に多くの著作を出されています。ご自身の著作だけではなく、近代日本の女性について資料集や、さまざまな女性たちの著作集を編纂されてきた女性史研究の第一人者です。まず、最近の情勢についてどのようにご覧になっているか、から口火を切っていただきます。女性史研究者として、フェミニズム研究者として、現状をどのように見ているのでしょうか。

鈴木 そうですね、私もフェミニズムの立場から、女性史研究をやってまいりました。いまの日本フェミニズム、皆さんはどうお考えでしょうか。私は、正直言って非常に不安を感じています。女性解放運動史に傑出する理論家であった山川菊栄(1890〜1980年)の1920年代初期の啓発用パンフレットに、『牙を抜かれた狼』という大変面白い冊子がありますが、いまや日本フェミニズムは「牙を抜かれた狼」になりつつあるのではないでしょうか。

細かいお話は省きますが、フェミニズムが本来持っていた毒が抜かれて、いまや自らの安定的な地位とは反比例して、逆にフェミニズムが本来持っているべきマイノリティの視点を劣化、欠如させつつあるのではないでしょうか。同時に、それは帝国主義批判、植民地主義批判の視点の劣化、欠如につながっています。

さらに言えば、今日の象徴天皇制と言われる「天皇

鈴木裕子さん
[すずき・ゆうこ]

1980年代から女性史、女性運動、労働運動史、フェミニズム、ジェンダー、天皇制などの研究を続け、女性史研究と日本軍性奴隷制研究の第一人者である。
主な編著書として、『山川菊栄女性解放論集』(岩波書店、1984年)、『日本女性運動資料集成 全11巻』(不二出版、1985〜86年)、単著として『女性史を拓く〈1〜4〉』(未来社、1989〜96年)、『従軍慰安婦・内鮮結婚——性の侵略・戦後責任を考える』(未来社、1992年)、『自由に考え、自由に学ぶ 山川菊栄の生涯』(労働大学、2006年)、『天皇制・「慰安婦」・フェミニズム』(インパクト出版会、2002年)、『金子文子——わたしはわたし自身を生きる』(梨の木舎、2006年)などがある。

制」問題を批判的にアプローチしようとしていない、そういう姿勢とも重なり合っています。それが非常に具体的に表れているのが、主流派フェミニストたちの日本軍性奴隷制(「慰安婦」)問題の解決に対するあまり熱意のない姿勢と言ってよいのではないかと思います。一時、言説的に「慰安婦」問題を取り上げる動きはありましたけれども、それは結局、単なる言説に留まって、解決を求めるのとは非常に程遠いところにありました。

前田 「慰安婦」問題ですけれども、1996年に『女性に対する暴力特別報告書』——国連人権委員会の特別報告者ラディカ・クマラスワミさんの報告書(クマラスワミ『女性に対する暴力』明石書店、2000年)が出て、同じ年にILO(国際労働機関)の最初の勧告も出て、日本の運動も盛り上がりました。1996年辺りが一つのピークあるいは転換点だったような気がします。その時代とこの21世紀になってからの違いというのは何かあるでしょうか。

鈴木 フェミニズムですが——私が言うのはフェミニズム主流という意味ですが——「慰安婦」問題に対する取り組みは、ある時期を除きまして、ずっと及び腰であったと思いますね。なぜかと言いますと、やはり天皇制の問題がからんでくる。考えてみますと、日本フェミニズムを戦前からずっとたどってきますと、天皇制の枠内での男女平等運動という側面が一つ強くあったと思います。同時に、天皇帝国が行う植民地主義、あるいは帝国主義に対して、まともに批判してこなかった。というよりも、その枠内での女性の地位向上なり、権利獲得というところに限られてしまいました。そのことが戦後のフェミニズムや女性運動のなかでも反省されず、1990年に「慰安婦」問題が韓国の女性運動から提起された時に、きちんと捉えきれなかった弱さをそのまま含みこんでいると思います。ですから、マスコミからある程度注視された時には、主流的フェミニストたちは多少この問題に近づいて来たように思いますけれども、マスコミが取り上げないようになると、引けてきます。特に、2002年の小泉純一郎首相(当時)の訪朝時の、日本人拉致事件に関する洪水のような報道をきっかけに、ずっと引いてしまって今日に至っている。

　また今日、「日本資本主義」が非常に凶暴な姿を剥き出しにしているのに対して、フェミニズム主流がそれに対して抗議もせず、運動も起こしていないように感じます。結局、体制内フェミニズムに陥っているのではないかと危惧しています。戦前の戦争協力、天皇翼賛へと流れて行ったフェミニズムを継承することになりかねない。そういう意味で、大変危機感を持っております。

女性国際戦犯法廷の輝き

前田 1998年から「日本軍性奴隷制を裁く2000年女性国際戦犯法廷」の運動が始まり、2000年12月の東京法廷、そして2001年12月にハーグ(オランダ)で言い渡された「ハーグ判決」までたどり着いたわけです。この女性国際戦犯法廷で、昭和天皇裕仁の人道に対する罪の責任を問う判決を得ました(VAWW NETジャパン編『女性国際戦犯法廷の全記録Ⅰ・Ⅱ』緑風出版、2002年)。その運動は、フェミニズム、あるいは女性運動のなかで、どういう位置にあったと評価されているでしょうか。

鈴木 それはとても重要な位置を占めていると思いますけれども、残念ながら日本社会や女性運動に浸透するまでにあまりにも時間がなさ過ぎました。それと、1998年4月の第5回日本軍「慰安婦」問題アジア連帯会議がソウルで行われ、その時に元朝日新聞記者だった松井やよりさん(1934〜2002年)が法廷開催を提案なさって、そして2000年12月まで、考えてみたら1年8カ月しかありません。松井さんはじめ関係者の方々は非常に努力なさいました。私は当時体調が悪い関係で、十分にはかかわりきれなかったのですけれども、あれだけのことを実現したことについて、私もかかわった一人として非常に感動しました。

　ところが、松井さんが2002年12月に急逝されたこともありまして、加えて1999年に強まった反動、つまり右翼的な動きのなかで女性国際戦犯法廷はきちんと報道されなかった。そういうなかで十分にその持っている意味合いが日本社会のなかで根付かせることが困難だったのです。もちろん女性国際戦犯法廷はフェミニズム運動の大きな流れを提起したと思いますけれども、いま申し上げたような状況のなかで、フェミニズム総体や、日本社会のなかに浸透させるには至らなかったように思います。それは女性国際戦犯法廷を担った人たちに問題があるのではなくて、日本のフェミニズムのあり方に問題があるのではないかと思います。

前田 当時を振り返ってみると、女性国際戦犯法廷は、日本の女性たちが、アジアの女性たちと協力し、さらに世界の女性たちの協力を得て——そこに若干の男性も一所懸命かかわりましたが——日本、アジア、そして世界の女性たちの取り組みとして実現した。そのことの意義は非常に大きいと、当時私は感動して見ていました。それでもなおかつ社会を変える力にはなり得なかった、とご覧になっていますか。

鈴木 一つは、「慰安婦」問題を、韓国の女性たち、アジアの女性たち、あるい

鈴木裕子

は心ある男性たちとともに闘うなかで、何が日本側に特に不足していたのかというと、やはり天皇制問題だろうと思います。1990年初期、この問題が大手マスコミなどで連日取り上げられるようになり始めた頃、ある大手新聞に頼まれて一文を書きました。日本軍性奴隷制問題というのは、言うまでもなく(1)性差別の最たるものであり、(2)民族差別であり、さらに(3)天皇の軍隊が行った国家的・組織的犯罪であるという、私が常日頃から言っていることを書いたのですけれども、これがチェックされました。多少字句の順序を入れ替えて一応載ったことは載ったんですが、それ以来、その某大手新聞からはお声がかからなくなったのです。同様に日本のなかでこの運動にかかわられた方々のなかにも、当初は、私が3つめの「天皇制」国家の犯罪を持ち出すと奇異な感じを持たれる方がいました。「性差別、民族差別まではわかるけれども、なぜこれが天皇制とかかわるのか」とだいぶ後になっても言われ、あまり理解されなかったのです。

　これに関連しますが、1993年に日本軍性奴隷制問題に取り組んでいる韓国挺身隊問題対策協議会から提起されました「責任者処罰」問題も同様に、支援団体の多くの方々があまりピーンと来られませんでした。そのなかから「責任者処罰」に強力な拒否感を示した方々がいわゆる「国民基金」(「女性のためのアジア平和国民基金」)を支持するほうに行きます。「国民基金」派でなくても、相対的に天皇制のかかわりについては理解が薄かったと思います。

前田　日本政府の法的責任をごまかすための「国民基金」が「慰安婦」問題を始めとする戦後補償運動にもたらした混乱は非常に大きかったですね。

鈴木　「慰安婦」問題の解決を求める運動に対する重大な阻害要因となりました。被害女性が傷つけられ、被害者支援団体が分裂させられました。

昭和天皇の戦争責任

前田　天皇制問題は、女性国際戦犯法廷の準備過程ではどうだったのでしょうか。

鈴木　若干打ち明け話になりますけれども、1998年に提案され、2000年に向けて準備を重ねて行くなかで、韓国側から、天皇を裁かなくては意味がないということで、「天皇も被告の立場に立せるべきだ」という意見が出された時に、一時、検事団に動揺があったようです。日本側にも当初は少し戸惑いがあったようですが、韓国側が「天皇裕仁が裁かれなければ韓国は抜けます」とまで言われ、初めてこれは大きな問題だということで、急遽、裕仁のHをとって「Hプロジェクト」

というのが日本でつくられまして、私も入りました。Hプロジェクトのなかでも、ある女性弁護士は「天皇の問題は重たいわね」と直接私に言われたこともあります。かように天皇制問題というのは、フェミニズム、女性運動にとっても非常に難しい問題なのです。

　2000年12月の女性国際戦犯法廷で、天皇裕仁には有罪判決が下されました。翌年12月のハーグ判決は素晴らしいものでした。その意義は大変大きかったけれども、同時にそのことをきちっとフェミニズム・サイドで練り上げて行く必要があったのに、ご承知のようにNHKの番組歪曲問題（女性国際戦犯法廷を題材としたドキュメンタリー番組が、一部政治家の圧力によって、放映直前に改編された事件）などもあって、そちらのほうに運動主体が多大の時間とエネルギーを割かなければならなかったのです。画期的な女性国際戦犯法廷はあったけれども、課題は依然として残されているというのが、正直なところ私の実感です。

前田　「慰安婦」問題についての天皇制問題——女性国際戦犯法廷でもまさに昭和天皇の戦争責任にどこまで切り込めるかが最大のポイントだったように思います。Hプロジェクトその他を経て、女性国際戦犯法廷を準備する過程で克服して行ったということですね。

鈴木　先ほども申し上げましたが、私は健康上の理由で、活動の中枢に加わらず、いわば「客分」的位置にいました。だから、その位置から見て、すぐにとはいかなかったのですが、議論を重ねるなかで女性たちは天皇制問題に正面から向き合うようになりました。

前田　一般的にはやはり理解されないというか、むしろ拒絶反応さえ見られました。

鈴木　そうですね。一つは、当時の日本軍というのは、天皇を最高統帥権者とする「天皇の軍隊」です。全ての権限が天皇から発してくるわけでして、参謀総長や将軍たちと言えども天皇の判断抜きに何もできないわけです。そういうことから考えれば、最初から天皇の軍隊の、しかも個人的ではなく組織的犯罪として「日本軍性奴隷制」がつくられたのだというのが、きわめて当たり前だろうと思いますね。ところが、ずーっと戦後の日本社会は歴史修正主義にとらわれてきた。ですから、天皇制というのはある種、歴史修正主義の最たるものだと思います。その意味では当たり前のことが、女性国際戦犯法廷においてようやく認められたと言えると思います。戦後55年たって、日本のなかでは一部しか報道としては取り上げられませんでしたけれども、「天皇有罪」が持っていた意義はとてつもなく大きかったと思います。

しかし、いま、女性国際戦犯法廷があったことさえ知っている人が本当に少ない。そういう現実を前にして、私たちは「慰安婦」問題にどう向き合って行くのか、とてもいま大きな課題ですね。現実的に言えば、被害者たちが80歳を超え、亡くなる方が年々増えてきていますし、認知症になられたり寝たきりになられたりする方が多い。現実からすると本当に急がなくてはいけないと思う反面、「慰安婦」問題というのは、日本社会を考えて行く時の土台的な問題でもあるので、私たちの意識を変えて行かなければいけないと思っています。

女性史研究への道

前田　どうもありがとうございます。天皇制や植民地主義の問題は、後で触れていただく金子文子の闘いにストレートにつながる問題ですので、また何度か出てくると思います。ここでいったん鈴木裕子さんの原点ということで、なぜ女性史研究者、あるいはいまのように「闘う鈴木裕子」へと歩み始めたのか、いまから振り返って印象的なことがございましたらお願いします。

鈴木　私はあんまり闘士っていう感じはしませんでしょう。見たとおり軟弱ですよ(笑)。しゃべり方も弱々しいですしね。学生から必ず言われるのは、声が小さい。どうしたら声が大きく出せるのかと思って腹式呼吸をやってみたりするのですけれど、なかなかうまくいかないですね。それはともかく、比較的自分に忠実に生きてきたら、こうなってしまったというのが、私の実感に即していると思います。ただ、差別問題には少女期から関心がありました。天皇制についてもそうで、不条理そのもの、非条理そのものと思いました。小学校高学年になって、よく天皇がどこかへ出かけて行くのを、テレビで報道されているのを見ますと、すごく特別扱いされていて、これって異常だなと思いました。私が女であることもあると思います。

　私の家は東京下町の労働者の家庭です。父はブルーカラーでした。当時、社会的政治的には革新的なほうだったのでしょうけれども、家に入ると「そのまんま家父長制」という感じですね。ただ、母親も、別にフェミニズムの洗礼を受けているわけではないのですが、黙ってはいなかったですね。だから、家のなかでは、まだ二人が若かったせいもあるかもしれませんけれども、物理的な派手なケンカもありました。父親の横暴をこの目で見て育ってきましたので、家父長制と言いましょうか、そういうものに対する意識は比較的早くから目覚めたような気がします。

前田　当時の東京下町の雰囲気は、どのようなものでしたか。

鈴木　私が生まれ育ったのは、1923年の関東大震災時の亀戸事件（軍人が社会主義者の川合義虎、平沢計七ら10名を殺害した事件）や朝鮮人虐殺事件が頻発した江東区亀戸に近いんですけれども、墨田区という、零細商工企業と労働者の多い町です。隣近所を見ても、みんな一所懸命働いてようやく生きているという、そういう生活実態ですね。町内会長などの地域のボスがのさばっている保守的なところです。しかし、人情は厚い。そういうところに生まれ育ちました。私よりもちょっと上の人たちは、中学を卒業してすぐ働くという人が多かったですよ。私の時代は、ようやく高校に行く人たちが増えた頃でしょうか。私は、たまたま大学に入りましたけれども、なかなか就職もできませんでした。そこで、たまたま大学院の入学試験を受けたら通ってしまったので、進学することになりました。もともと歴史は嫌いではなかったものですから、歴史のほうに進みました。とはいえ私の住んでいた周辺は全体的に非常に貧しい、いまの言葉で言えば「ワーキングプア」の多いところでした。ワーキングプアは世襲化すると言われますが、まさに世襲化していた地域です。そういうなかで生まれ育ちまして、やはり貧乏が持っている意味というものを感じさせられました。

前田　ご家族の構成はどうでしょうか。

鈴木　両親と兄です。私は母親の話をよく聞いて育ったのですね。父親はなにせ大嫌いなものですから。いつも母親の味方です。兄が一人いますけれども、年中ケンカでごった返している家には愛想を尽かしまして、兄は家に寄り付きませんでした。ですから母の話し相手はもっぱら私ということで、母の話をよく聞かされました。

　母は、3歳の時に、実の父が労災事故で亡くなり、母の一家は、いまの品川区から亀戸に移ってきました。物価が安かったからでしょう。4歳の時に、埼玉県の汐止（現在の八潮市）に養女に出されました。3年ほどそこにいて、どうしても嫌で帰ってきて、小学校に遅れて入りました。ところが、新しい父親が来ます。私のおばあさんは、好きでその男性と結婚したわけではなかった。昔の家制度ですね。おばあさんの母（曾祖母）が押し付けたのです。そして、弟たちがその後生まれました。母親自身は上の学校にも行きたかったわけですけれども、後から生まれた男の子のほかにすでに二人の弟がいたので、4人の「男の子が大事」という母親（私の祖母）の方針がありまして、姉妹たちは、行きたい学校にも進学できなかった。母は1922年の生まれですから、当時はもう戦争中です。

　あの頃、小学校を卒業した下町の子どもたちは、いわゆる町工場に働きに行き

ました。母親はまだいいほうらしくて、「鼻たれ小僧」(小学校中退の子もいたそうです)と一緒に、小さな袋物工場、ガマ口をつくる工場で、ミシン縫いなんかもする。そのミシンに足が届かない子どももいたという話も残っているぐらい、東京下町の1930年代の子どもたちは児童労働を強いられていたわけですね。そういう話を聞きました。母親はその後時計工場の精工舎に、その辺では大工場ですが、勤めを代えたのですが、これはある種の「出世」で、母にはいまも「誇り」らしいです。ところがそのうちに私の祖母に当たる実母が脳溢血で倒れまして、どうしても精工舎を辞めざるを得なくなりました。戦争の真っ最中です。1945年3月10日の大空襲の時は、火災で下町一帯が総なめになったのですけれども、たまたま本郷の姉の家に中気の母親と行っていたがために助かった。翌日帰ったら、亀戸駅頭には死屍累累と死体が山積みになっていた。そういう戦争体験を、よく聞かされて育ちました。そういう母の歴史から、やはりそれなりに影響を受けていると思います。

前田 後に日本だけでなく、朝鮮の女性史も大いに学ばれるわけですが、朝鮮との関係で何かその頃に印象に残ったことなどあるでしょうか。

鈴木 当時下町というのは、朝鮮人の方々が比較的多くおられました。下町は生活レベルが低いから暮らしやすい。それから、危険な仕事——例えば、いまの江東区越中島に造船所がありました。そういうところの、いわゆるきつい仕事です。昔は人夫さんと言いましたよね。そういう仕事に就く方々のお子さんたちも小学校に通ってきて、もちろん通名(日本名)ですけれども、わかるわけです。ほかにいわゆる土建や工夫、自由労働者、町工場などに働く朝鮮人の方々が多かったと思います。下町そのものが差別されているのに、その下町の日本人は朝鮮人を差別します。日本人の親たちがしっかり差別していますから、それを受けて子どもも差別するわけです。まあそういった話を聞かされたりしました。

私は大学では実はあまり勉強していませんで、もっぱら学内や大学の近くの早稲田奉仕園などで、朝鮮史を勉強するサークルとか、朝鮮映画を見る会とか、あと少し朝鮮語もかじりました。それから、高清水の会——女性問題サークルみたいなものにも参加しました。そんなことをやって、アジア、特に朝鮮関係に対しましては非常に関心を持ちました。下町での貧しい暮らし、それから先ほど申し上げましたが、下町は山の手から比べますとずいぶん差別されています。いまはどうかわかりませんけれども。そういう地域性の問題ということで、差別問題——性差別、民族差別、天皇制のような身分差別——そういった問題に敏感にならざるを得なかったわけです。大学に行くのは授業を受けるためではなくて、そういったことをやり

に行っていたという始末でした。いまから考えると、大学の先生には申し訳ないのですけれども、そのほうが勉強になったかなという気がします。

金子文子の世界へ

前田 それでは、金子文子についてお尋ねして行きたいと思います。文子は1903年の生まれで、1922年には19歳で、岩崎おでん屋へ行ったり、あるいは世田谷の池尻に住むようになって行った時期、つまりいよいよ大逆事件につながる問題の時期ということになります。

　鈴木さんのお母さんは1922年生まれですから、文子とは19歳ほどの違いです。ただ、下町、貧困、性差別、民族差別、そういうことでは同じような世界——文子は、横浜や朝鮮半島ですが——大枠としては同じような問題を直に見ていた人間ではないでしょうか。そこでまず、文子が、差別、特に民族差別などの問題に目覚めて行く過程、あるいはその段階での思想的な一つの闘いを見て行きたいと思います。彼女は名家である佐伯家の人間でしたが実情は女中扱いをされていたこと、朝鮮半島に渡って彼女が見ていたもの、その辺りのことから少し文子の人生についてお話しいただけるでしょうか。

鈴木 文子は、私たちからすれば祖母の世代です。1903年に生まれて、1926年7月、わずか23歳で亡くなっているのですね。大変短い生涯です。どうしてこういう人が日本社会にいたのかと、本当に驚きです。彼女はエリートとは全く対極の立場にある人でしたが、向学心は非常に旺盛な人でした。私も2006年に、文子が少女時代を送りました芙江(ブガン)に行きました。忠清北道(チュンチョンブクト)と言いますけれども、そこに約8年間住んでいました。いまでも文子が通った小学校があります。文子の成績簿もありまして、図工等の成績は悪いのですが、あとはみんな優です。当時で言えば、甲乙丙の甲ですね。

　彼女の手記『何が私をこうさせたか』——全部ではありませんが、主要なところを私の著書『金子文子——わたしはわたし自身を生きる』のなかに入れましたが——これを読んでいただければわかりますように、非常に言葉の明晰な人です。言葉が明晰であるということは、彼女自身のなかで、その体験なり何なりが、きちんと整理されているのです。特に、大逆事件で検挙された後の予審判事の尋問調書を読むとびっくりします。わずか20歳そこそこの女性、それもいわゆる正規の高等教育を受けたことのない女性です。辛いつらい朝鮮時代、文子の向学心が人生を生きる糧になったと思います。

鈴木裕子

文子の朝鮮時代のこと、つまり彼女がどんなものを読み、どんな生活をしていたのか、わからないことはまだいっぱいあります。韓国に行きましても、いまのところほとんど資料はありません。金子文子の研究者も少ない。朝鮮時代の文子については、本格的にこれからやりたいと思っていますけれども、集中して取り組むことがなかなかできていません。

　文子が朝鮮にいた、1919年3月1日、「3・1独立運動」（植民地・朝鮮の人民が日本からの独立を宣言して立ち上がったが、弾圧されて終わった。アジアの民族独立運動に大きな影響を与えた）が起こり、それを目にしてその直後に日本に帰ってきたのですけれども、いったん彼女は、東京での苦学生活をめざしたんです。研数学館と正則学校に通い、いまで言うダブルスクールですが、そんなに生易しいものではありませんでした。夜は夕刊売りをやったり、その後、露店で粉石鹸を売ったり、行商をやったり、ひもじい生活もしていたでしょう。いまの飽食の時代からは考えられません。なぜそこまで彼女は苦学したのかを考えますと、自伝のなかに女医を目指したとありますね。女性として経済的にも生活的にも自立するという願いが込められていたと思います。ほどなくして彼女は思想運動——彼女はアナーキズム運動、あるいは「虚無主義」に自分が入ったこと、そのことを「思想運動」と呼んでいます——のなかに入ったわけです。

　女性史の視点から一つ言いたいと思うのは、まず彼女が「無籍者」であったということです。私自身は戸籍なんかないほうがいいと思っていますけれども、それはさておきまして、戦前、無籍者であったことの意味はとても大きいですね。まず、就学年齢が来ても学校に行けない。文子は非常に向学心が盛んであったから、学校に行けないことが大変悲しかったわけですね。

家制度のもとでの差別

前田　無籍者ということが、なかなかいまはイメージしにくいと思うんです。つまり戸籍がないということを意味するのですが、いま「婚外子差別」という問題で議論していることとはどのように違っているのか、あるいは重なっているのでしょうか。

鈴木　戦前の場合はいわゆる戸主制度、家制度というのがありました。女は「嫁」になる。読んで字のごとく夫の家に入るわけです。いまでも「入籍」なんて若い女性が平気で言っていますけれども、本当はおかしい。家制度の古いものをずっといまだに引きずっているのでしょう。女は、普通は結婚したら夫の家に入る。生

まれた子どもは父親の籍に入る。「非嫡子」(婚外子)である子どもにも、その子の母親の女性にも責任はないと思いますが、実際、差別されるのは、女性であり、子どもたちです。いまでも婚外子は差別されていますよね。相続においても法的には、嫡出子の2分の1でしたよね。1993年6月23日の東京高裁決定があって、そういう差別は違憲であるという意見が出ましたけれども、依然として民法は変わらずじまいですね。

確かに、家制度は形のうえではなくなりましたけれども、牢固としてそういう考え方や、法的にもまだ残っていると思います。無籍者であることによって、文子は、自分の父親の母(文子から見れば祖母)や、父の妹(叔母)から差別されるわけです。一番問題なのは佐伯文一という文子の父親ですけれども、何の罪もない子どもの文子が差別され、その差別がずっとつきまとう。後に文子はこういうことを言っています。現実に自分が存在していながら、無籍なるがために現に居ることを認めないのが法律なのだと。つまり、そこに見られる文子の批判というのは、法律とか道徳とか制度というものは、みな強い者が弱い者を支配するためにつくったものであるということです。彼女自身の言葉を使いますと、「強者は自分の行動の自由を擁護しつつ、弱者に服従を強いる。この関係を弱者から言えば強者への服従の約束がいわゆる道徳」だと、文子の手記に出てくる尋問調書のなかではっきりと言っています。無籍であったがゆえに、文子は差別を見抜く力、道徳とか法律とか制度というものが実は強者にとって非常に都合よくつくられているものに過ぎない、と見事に見抜いていたと思います。

文子は何を見たか——思想背景

前田 1920年夏から1921年にかけて、アナーキストと出会い、社会主義おでん屋に通うようになり、だんだん思想運動の世界に入って行くわけですが、この時代に文子だけがそういう道を歩んで行ったとすると、何がきっかけだったのでしょうか。本当は文子のほかにも「無数の文子」がいたのか、その辺りどういう言い方をしたらいいのかわからないんですが、この時代に文子がわずか17歳でアナーキストに出会ったり、社会主義への道を歩み始めるというのはどういうことだったのでしょうか。

鈴木 それはとても大事なところだと思うのですけれども、彼女は、まず彼女自身の生活、そして植民地・朝鮮で見たこと、体験したことが大きいと思います。植民地・朝鮮で文子は何を見たか。まず、自分を一応養女として貰い受けた叔母

夫婦（岩下家）は、典型的な日本人植民者です。小金をためて、いわゆる土地調査事業（日本政府が朝鮮半島で行った事業で、この結果、朝鮮人の土地が奪われた）等によって難渋している朝鮮の貧農たちから土地を買い取って、それをもとにして高利貸しをして、また搾取する。そして気分的には日本人の優越意識に乗っかって非常に露骨な民族差別を行っていることに何の疑問も持っていない。

　岩下家には高さんという「下男」一家が住んでいまして、その「下男」一家に対する仕打ちなんてひどいものです。ある日、高さんが1日休みを下さいと言ったところ、文子のおばあさんがせせら笑うのです。おばあさんは、はなからわかっているんです。つまり、高さんには着るものが一つしかない。ですから洗濯する間は、ござのような蒲団にくるまって寝なきゃいけないのです。それをわかっていて、おばあさんがこれ見よがしに嫌味を言うわけです。それを文子はちゃんと見ているのですね。あるいは、岩下家が持っている山に栗の実を採りに行ったりするのですけれども、そのとき麓のほうで見た光景がある。憲兵隊が朝鮮人を捕らえてきて、笞刑というのでしょうか、竹の笞で朝鮮人のお尻を打っている。

　そういう様を見て、最初は人道意識、人権意識だったと思いますけれども、そういう日本の権力、日本から渡った植民者や官憲が行っている冷酷な仕打ち、非常に過酷な差別・虐待に対して、文子は非常に怒りを感じたと思うのですね。そういうことがあったものですから、文子は1919年、プガンで3・1運動を目にした時に、朝鮮人が、日本支配から脱出を求めて抵抗運動をする様を見て非常に感激したのです。この時やはり、人間というのは民族を超えて平等なのだ、金銭があるなしにかかわらず平等なのだ、つくられた身分を超えて平等なのだという意識が形成されて行ったと思います。そういう心を抱いて、少なくとも朝鮮から日本に戻ってきた時に、仏教、それからキリスト教の救世軍、社会主義者、アナーキズムと、まさに人間としての解放を求めて、思想的な彷徨者としてさまよいます。

前田　時期的には社会主義の昂揚期ですね。

鈴木　そうですね。第1次世界大戦が1918年に終わりますが、その年に米騒動が起こります。これは富山の主婦たちの生活権闘争ですね。それをきっかけに全国的に米騒動が広がります。その頃、労働運動も戦闘化してきます。「大正デモクラシー」と言われる潮流のなかで、当時デモクラシーを「民本主義」（政治学者の吉野作造の言葉）というように翻訳したようですが、そういう主潮が出てきますよね。管野すが（1881〜1911年）や幸徳秋水（1871〜1911年）らが天皇暗殺を企んだとされたでっち上げの「大逆事件」によって社会主義が窒息せしめられたわけ

ですけれども、そういう雰囲気のなかで少しずつ社会主義者たちの身じろぎが始まってきます。1919年には、社会主義運動家の堺利彦（1871〜1933年）が「小さき旗揚げ」と称して雑誌『新社会』を起こします。社会主義者の結集が再び始まり、1919年ごろには東京帝国大学にも「新人会」、明治大学にも学生団体、早稲田大学には「民人同盟会」「建設者同盟」ができたりして、学生インテリたちが国家とか社会とかいうものに対する変革への身じろぎを始めて行きます。

前田 女性運動も盛んになる。

鈴木 女性運動の社会主義的団体としては、日本初の女性社会主義団体の「赤瀾会」が1921年にできます。世話人は、九津見房子、秋月静枝、橋浦はる子、堺真柄でした。わずかな期間しか活動できませんでしたけれども、確実にヨーロッパ的なインターナショナルな女性運動の影響も受けています。そういう時代の動きが、文子にじわじわと影響を与えていたこともあると思います。直接には、文子は赤瀾会とは接触はなかったようです。文子の自伝には、変名ですが、わずかに九津見房子（1890〜1980年）の話が出てきます。九津見房子は、幸徳秋水や堺利彦の平民社の頃からの古い社会主義者で、赤瀾会の発起人でもあり、後に大阪に行って印刷工のなかで労働組合を組織して、東京に戻ってきて後の日本共産党に参加して、1928年の「3・15事件」（治安維持法違反容疑で、全国の日本共産党員ら約1,600名が逮捕された）によって捕まるという闘士です。直接的なかかわりはなくても、文子は、そういう世の中を変えていこうというなかでの「時代の子」であったと言えると思います。

同志・朴烈との出会い、そして天皇制との闘い

前田 いよいよ朴烈（パクヨル、ぼくれつ）との出会い、そして二人の闘いが始まって行くことになるわけです。よく書かれているのは、文子のほうから朴烈に会いたいと持ちかけたということが、文子の手記に出てくるんですけれども、その辺りは朴烈の詩を読んだことがきっかけということでしょうか。朴烈との出会いからその後についていかがでしょうか。

鈴木 文子がまず日本の男に失望したのはあると思います。まず父親にうんと失望しています。これは私も同じですけれども（笑）。それから、彼女がつきあった瀬川某というのがいますが、これにも失望させられています。そして、朝鮮人男性、社会主義者、アナーキストたちとの出会いがあるわけです。朴烈の尋問調書を読みますと、確かに朴烈は非常に原則的で威勢のいい、しっかりした主張を

展開しています。結局、日本の敗戦まで刑務所に入れられたままになるわけですが、私は朴烈が文子にとって、果たして実際のところどういう存在だったのかは、正直言ってよくわからないです。よくわからないけれども、連帯すべき、共闘すべきものとして朝鮮人男性と何人か付き合って行くうちに、朴烈が文子の共闘相手になった。

　文子は、こう言っています。「私は朝鮮人に対して尊敬の念を持っていないと同時に、人種的偏見の念を持っていません」と。朝鮮人だから連帯するというのではなくて、自分の目で相手を判断していることがわかります。主義においても性においても、同志であり、協力者として、朴烈と一緒に生活することになったのであって、もしその気持ちがなくなれば別れると言っていますから、女性として非常に主体的に相手を選んだ。選ばれたのではなく、自分のほうから選んだ。そして自分の思想、人が人を差別してはいけない、人間は絶対平等であること、そして人を差別するシステムとしての権力機構、その頂点にあるのが天皇制ですから、それをともに撃って行くことで一致したのです。

　そういう意味で、作家の瀬戸内寂聴さん（瀬戸内晴美、1922年〜）が小説『余白の春』で書いているような甘い感じを文子は持っていなかったと思うのです。あくまでも文子の主体的な判断で朴烈を選び、一緒に闘う同志として考えたのだと申し上げたいと思います。

前田　その後3年半ぐらい、同志としてともに闘う。闘い始めるや「事件」という形になって行くわけですが、時代背景で言うと、「3・1事件」の朝鮮半島での猛烈な弾圧、その裏返しとして関東大震災における朝鮮人虐殺——それは日本軍による虐殺、あるいは警察による虐殺、そして噂のための民衆による虐殺と、広がって行くわけです。そして、大逆事件の方向へと流れて行きます。大震災発生の9月1日以前に文子が書いていた文章のなかで、文子の平等思想が書かれていたんでしょうか。逆に言うと、文子の思想の到達点というのは、どの辺りからくっきりと見えてくるのでしょうか。

鈴木　彼女の思想がはっきりと具現化するのは、逮捕されてからだろうと思います。それ以前に、朴烈と一緒に執筆した『太い鮮人』や『現社会』という本に、文子も結構登場しますが、まあ伏字がすごく多いせいもあって、まとまった形ではあまり辿れないと思います。彼女が、後の尋問調書のなかで主張しているような天皇制批判の思想は、朴烈と一緒に運動するなかで培われて行ったものと思います。

　当時、反天皇制ということを発表することは、相当の覚悟がなければやれませ

んよね。例えば、山川菊栄も、1927年ぐらいのものですけれども、天皇制批判と思われるようなことを書いていますが、非常に工夫していまして、読むほうが感覚を研ぎ澄ませないと批判であるということを見落とします。1911年の大逆事件と称するでっち上げ事件で、管野すがや幸徳秋水ら、社会主義者、無政府主義者が処刑された記憶は、社会運動に携わる者にとっては消し難い記憶として残っています。それを発表することに関しては非常に注意を要したと思います。逆に、文子は捕まって、ある意味では自ら大逆罪(旧刑法73条違反)にひっかかってから、あるいはそういうふうに見え始めた時から、積極的に反天皇制の思想を、限られた空間でしたけれども、主張して行ったように思います。

前田 それまでに持っていたかもしれないけれども、弾圧されて、その弾圧との闘いのなかで、特に検事や予審判事の取調べのなかで、自分の思想を改めて確認しながら発言をして行き、形成して行くようになったということでしょうか。

鈴木 そうですね。当時は直接的弾圧と、天皇制信仰に日本「国民」がみんなマインド・コントロールされていますから、文子のような存在は、民衆から浮き上がっちゃうわけですよね。だから、天皇制批判をやるとなったら、かなり戦略を練ってやらないと到底できるはずもありません。そうでなければ後の第2次日本共産党が天皇制打倒を綱領(1932年のコミンテルンによる「32年テーゼ」)に掲げて、ものの見事に浮き上がり、弾圧されて大転向時代が始まったように、その辺は私たちもちゃんと考えなければいけないことだろうと思います。いまはそこまで行っていないでしょうけれど、権力が弾圧するより前に日本社会のなかでの濃厚な雰囲気として、異端者狩りというかたちで、批判者がジワジワと絡めとられて行きそうな嫌な感じがします。

前田 関東大震災朝鮮人虐殺と文子たちの大逆事件との関連はいかがでしょうか。

鈴木 文子と朴烈の大逆事件そのものは、私も、関東大震災時の朝鮮人虐殺を隠蔽するためにでっち上げられたものだと思います。朝鮮人大虐殺が国際的に問題にされることを確実に官憲当局はわかっていて、朝鮮人のなかに皇太子(後の昭和天皇)を暗殺しようとする動きがあったということを内外に示して相殺してしまうことを狙ったのは確かです。最初、この事件は爆発物取締罰則違反被告事件として摘発されました。調書を見て行きますと、これはやっぱり私は検察側の誘導があると同時に、爆発物取締で朴烈は未遂ですけれども、計画したのは確かですから、文子は、朴烈だけを死なせるわけにはいかない、という気持ちが働いて、大逆罪へと持っていかれた。文子は、自分の主張・思想を官憲当局に対して

鈴木裕子

言う必要を痛感して、その限りでは彼女は確信犯的に喋って行ったと思います。

文子の葛藤

前田 朴烈らが「爆弾が欲しいね」と相談していたという未遂だけであって、実際に他の証拠物がない状況のなかで、検事や予審判事に対して文子が否認すれば、それで済んだはずですよね。しかも、文子はその相談のことさえ知らなかったのですから。否認せずに、むしろあえて積極的に供述して行くなかで、いわば自分を有罪に追い込んで行く。そういう供述を、自らの思想としてそのなかで練り上げて行った、と思われるんですが。一方で、検事や予審判事は何を考えていたのでしょう。彼らにとっても文子が犯人であっては困るわけです。朴烈たち朝鮮人がやったことにしたかった。それをなぜあえて検事や判事は文子の供述を真に受けて調書をつくり、起訴して行ったのか、疑問を持つんですが。

鈴木 ただ、調書というのは、この時は全くマル秘ですよね。関係者のごく一部しか読めない。私たちがこの調書を読めるようになったのは戦後です(『金子文子・朴烈裁判記録』黒色戦線社、1977年〔1991年〕)。文子の死後半世紀以上経過しています。文子が、自分の命と引き換えに、その思想を後世の私たちに残してくれたとも言えます。

前田 当局が揉み消すことは簡単にできたはず、ですよね。

鈴木 文子は、判事から被告は日本人なら改悛の情を示したらどうかというようなことを何回も何回も、本当にくどくなるほど言われますが、それに対して、私は日本古来の土地に生まれたからこそ天皇制には反対なんだということを粘り強く言って行きます。検事や判事の側が揉み消すということに対して、彼女がとても抵抗したわけです。尋問調書を読むとわかりますし、獄中で手紙を何度も書いています。自分の主義主張、あるいは虚無主義とか、そういったものについて開陳しています。だから激しく、自分が日本人として、「はい、改悛しました。ですから罪を軽くしてください」と言うことを拒否しています。

　自分も改悛を思った、迷ったということも、別の手記のなかで、1回ですが述べられています。でも、その時彼女は、「将来の自分を生かすために現在の自分を殺すことは私は断じてできない」「私はね、権力の前に膝折って生きるよりは、むしろ死してあくまで自分の内に終始します」と思い定める。つまり自分の思想や生き方を守るということです。

前田 死の恐怖を前にして生きる。いかに生きるか、死ぬかが目の前にあるわ

けですね。

鈴木 文子は、自分の思想のために「死に急いだ」わけではないと思います。亡くなる年の『2月26日夜半』という手記のなかで言っていることですけれども、「いくら強がっても人間はやっぱり生きたいものだ」と、これは彼女の本心です。何度も生を否定するのか、肯定するのかでやりあっていますけれども、彼女は決して生を否定していないのです。肯定しています。ですから、転向強要で文子が自殺したわけではないだろうと思います。文子が生きて天皇制に抗い続ける、その思想を遮断するために、権力によって罠が仕組まれたと言うしかないと思います。評伝『金子文子』(影書房)を書かれた山田昭次先生(立教大学名誉教授)が、何度も法務省(栃木刑務所)当局とやりあって、彼女の死の状況についての官憲側資料を出すように要求していますけれども、いっさいそれを出さない。あるのか、ないのか、それさえも示さない。それ自体非常に臭いわけで、文子は日本人として屈しなかったために、権力によってテロの対象にされたのではないかという疑問は捨て切れません。

拷問する権力

前田 文子は、当時の栃木刑務所の女子拘置監で亡くなったわけですが、死因その他をめぐっていろんな議論がなされています。文子は官憲のテロで虐殺されたのではないかと考える人も多いでしょう。2009年に映画(『鶴彬——こころの軌跡』)になりましたが、鶴彬というプロレタリア川柳作家がいて、水拷問を受けたりして、最後は赤痢にかかって隔離され、ベッドに手錠で手足をつながれたまま死んでいたと言います。文子も、小林多喜二や鶴彬と同様に殺されたと見るべきだ、と思います。

鈴木 私も、文子は権力の謀殺だろうと思います。とにかく生かしておいたらこの後どうなるかわからないという怖れが当局のほうにあったのだろうと思います。有名でもなく、地位も何もない一女性の思想が本当に正しく伝えられたのならば、これは権力にとってとても怖いことですよね。だから文子は殺されるべくして殺されたのだと、そういうように思います。

前田 文子と朴烈の大逆事件裁判ですが、確たる証拠がほとんどありませんね。

鈴木 そうですよね。だって爆弾さえ入手していないのですから。

前田 二人の自白調書だけで事件が組み立てられて、裁判が進行しています。

鈴木 だいたい旧刑法73条というのは、天皇や皇族を殺すことを頭のなかで考

えただけで罰せられる法律ですから、物証は関係ないのです。「考えた」ということ自体が悪い。思想を裁く。でもこれに近いような法律は、治安維持法など他にもあったでしょう。

前田　当時の刑事訴訟法の証拠法が、現行法とは全く異なります。現行法は、日本国憲法ができて1949年から適用されている法律です。これ自体もいっぱい問題はあるのですが、それ以前と比べるとはるかに近代的で、しかも人権規定に裏打ちされていて、証拠についての規則が沢山入っているわけです。最も重要な項目は、有罪認定のためには、自白に補強証拠が必要だということです。被告人を有罪とするには、本人の自白以外に何らかの補強証拠が必要である。自白だけでは有罪にできない。これが現在のルールです。当時はそういうルールが確立していないわけです。自白だけでも有罪にできた。つまり、朴烈の自白で文子を有罪にする。文子の自白で朴烈を有罪にすることができたわけです。

鈴木　幇助の罪とか、共謀の罪とか、弾圧にはそんなものが利用されますね。この間、問題になってきた「共謀罪」法案の怖さがよくわかります。

現代に甦る文子――次世代へ伝えるために

前田　文子を次の世代にどう伝えて行くかも重要ですね。

鈴木　そうです。文子の実家のある山梨でも、婦人会などの女性たち、総じて高齢の方々でしょうか、私の講演会には多く来られておりました。だから若い人たちにどう伝えて行くかが課題としてあると思いますね。実はある大学の日本史の授業で、去年1年間、文子と管野すがと山川菊栄を取り上げたのです。ほとんどの学生が彼女らの存在を知りません。名前さえ知らない。でも、講義によって、「へえーっ、金子文子ってこういう人なのだ」という驚きを持って受け止められてはいるようです。こういう人がいたのだよということを伝えて行くことが大事です。

前田　若い人だけではなく、ほとんどみんな知らないと思うんですが、文子も、あるいは管野すが、治安維持法による弾圧で殺された伊藤千代子（1905〜1929年）、日本の中国侵略を批判し続けた長谷川テル（1912〜1947年）も、そういう人たちを学校教科書に載せる運動とか、載りかけたこととか、そういうことはあるんでしょうか。

鈴木　教科書にはたいてい「人物学習」というのが掲載されているのですが、ほとんどが男性ですね。男性が歴史をつくっている、そんな感じですね。中学校教

科書のなかで、最初に出てくる女性は、卑弥呼です。そして持統天皇や光明皇后など天皇がらみが多いです。男社会の教科書が、いまも一般的ですが、そういうなかで女性を扱う時に出てくるのが、近代では平塚らいてう(1886〜1971年)は必ず出てきます。山川菊栄はほんの少し出てきますが、金子文子は出てきません。

　2005年に日教組がチームを組んで『教科書白書』を出した時に、私も加わって中学歴史教科書を調べたんです。私が担当したのは近現代だったのですけれども、ほんとうに男中心ですね。女性で出てくるのは、近代では、平塚らいてう、歌人の与謝野晶子(1878〜1942年)。その前にはいまの津田塾大学をつくりました津田梅子(1864〜1929年)、その前は作家の樋口一葉(1872〜1896年)、あとは女性参政権運動で知られる市川房枝(1893〜1981年)ですね。ある程度「お上」が許容する範囲内の女性に限られているのかなという感を持ちます。長谷川テルももちろん、管野すが、女性解放運動家の伊藤野枝(1895〜1923年)も出てきません。山川菊栄はちょっと出てきますね。赤瀾会顧問だったことと戦後の労働省の初代の婦人少年局長就任という程度で、具体的に何をやったかなんてほとんど出てきません。出てこないということは、教科書を書いた人たちが圧倒的に男性で、女性の歴史に対する思いが薄いからでしょうね。

前田　天皇制にかかわる、家父長制に関連する、こうした点は如実に現れるわけですね。戦争に関連することも同じですね。

鈴木　体制を何とか変革していこうという人や、反戦平和で闘った人に関しては、まず目が行っていない。「たかが教科書、されど教科書」でして、「慰安婦」記述がなくなってから、現場の先生たちは、とても教えにくくなったというのですね。だからもう1回、「慰安婦」記述が短くても載ることによって、あとは教師の力量によっていくらでも膨らませて教えることができる。ですから、みなさんも地域に戻られましたら、ぜひそういう運動をやっていただければいいなと思います。

　それから、教科書の女性の書き手が、日本史で見ますとほんとに少ないですよ。数えたところ、ひとケタ台です。高校教科書は、数年前でも19種類出ていますが、そのうち日本史では女性が執筆陣に加わっているのはわずかに2種類くらいです。女性だからいいというわけではありませんが、なんでジェンダーの問題をやっている人たちがあまりそのことを問題にしないのかという気がします。文子や長谷川テルなど、もっと知られていい人たちです。人間の尊厳を追求し、戦争の犯罪性というものを鋭く突きつけて行った人たちの営みというものを、私たちがきっちりと受け止めていかなくては、新しい未来に続く歴史をつくることにはならないのではないかと思います。

自分を偽らないために

急激にやってきた暗黒の時代

前田 いまの日本、特に21世紀になってから世界のグローバリゼーションや「テロとの戦い」との関連、あるいは、東北アジア、朝鮮半島と日本列島をめぐる政治的な緊張、そういうなかで、日本自体がどうも戦争に向けて動き始めている。戦争や危機をあおる。政治的な緊張が一方で続いているわけです。他方で、特に小泉純一郎政権下で行われた構造改革のもとで、ますます格差社会と言われるような状況になってきている。教育現場にもさまざまなしわ寄せが集中的にというか、ある種、凝縮された形で押し寄せてきている。そんな時代状況のなかで、根津さん自身が関心を持っていることからお話しいただけるでしょうか。

根津 誰でも「非国民」になってしまう時代なんですね。私だって、一介の中学校の教員で、まさかこんな時代が――いや来るかもしれないとは思っていたけれども――こんなに早く来てしまうとは思いませんでした。こういう時代がもしかしたら来るかもしれないというふうに思い始めたのは、私が1994年に最初に「日の丸」で処分を受けた時です。八王子の石川中学校にいた時で、生徒たちも日の丸を揚げるのは嫌だと思っていた。私たち教員も職員会議で日の丸は揚げないと決めていた。そのなかで校長が勝手に「日の丸」を揚げた。学校の民主主義を壊すわけにはいかないと思いましたし、子どもたちが下ろそうというのです。その数

根津公子さん
[ねづ・きみこ]

公立中学教員。君が代不起立、停職処分との闘いで知られる。著書に『希望は生徒』（影書房、2007年）がある。ビデオ『君が代不起立(Part.1～2)』（ビデオプレス、2006年、2008年）に出演。

年前に沖縄の読谷高校で女の子が「日の丸」をどぶに捨てて、それが地域で非常に問題になった。私はそのことが頭にぱっと浮かんで、これは子どもたちに下ろさせるわけにはいかない、私がやらなくてはと思って下ろした。それで処分を受けたわけです。

　1999年に国旗国歌法ができました。第145回国会ですが、日米防衛協力のための指針(「新ガイドライン」)関連法として、周辺事態法、改正自衛隊法、改正日米物品・役務相互提供協定の3法や、組織犯罪対策3法(通信傍受法、刑事訴訟法含む)、改正住民基本台帳法、改正外国人登録法、改正出入国管理法、少年法改正、破防法改正、憲法調査会の設置法などそれまでは考えられないような重要法案が次々と通った。

前田　平和や人権から見ると、「改正」ではなくとんでもない改悪ばかりですね。戦争協力と、そのための国民統制・動員の法改正です。憲法は変わっていないのに、法体系全体の質が変わってしまった。

根津　日本は、いつでも戦争のできる国になってしまった。ちょうどその時、新聞でも、後から振り返ると1999年は「歴史の転換点」だと言われるだろうって書いていました。私もそうなるだろうとは思ったけれども、その頃は学校のなかはまだ割と平穏でしたから、あんまり実感としてそれがわかりませんでした。それが1999年に石原慎太郎都政となり、2001年に小泉純一郎が国政を担うようになって、あれよあれよという間に世の中が変わって行った。計画は前からあったんだけれど、私たち一般の人間には、始まらないとわからないですからね。これはひどい状態になってきた、と思いました。そのころは、ニートは働かなくてどうのこうのと個人を非難する声が強かったけれども、それが新自由主義経済の国家政策、年功序列・終身雇用を止めて非正規雇用を政策と決めた1996年の「前川レポート」(国際協調のための経済構造調整研究会報告書。座長の名をとって前川レポートと呼ばれる。市場開放、金融自由化を柱とする)のなかで起きている現象だった。でも、それが多くの人には見抜けないまま、事態は進行し深刻さを増して行った。でもその時はまだ、私は言葉としてわかっていても、実感としてわからなかった。

　東京の学校では2003年10月に「10・23通達」が東京都教育委員会(都教委)から出て、「君が代」斉唱で起立をしろという職務命令を校長に出させ、それに違反した教員は処分する、となった。教職員には起立・斉唱の義務があるとされています。本当にすごい事態になってしまった、と思うわけです。それ以前にも私はたびたび処分をされていますが、そのころはまだ私一人、あるいは数えるほどでし

たから、いずれ大勢がいっぺんにやられる時が来るだろうとは思っていました。けれども、誰も何も知らされないままに、ある日突然この通達が襲ってきました。「知らないうちに戦争が始まっていた」と昔の人は言いますけれども、それと同じ状態だと思いましたね。こちらが準備することができないままに、どんどん攻撃・弾圧は行われた。気がついた時には遅かった、というふうになって行くわけですね。そんなことを実感として感じます。

日の丸・君が代が強制される教育現場

前田 1999年に国旗国歌法が制定された時、反対を抑えるために「強制はしない」という言い訳の言葉が一応政治的にはあった。ただ、みんな「守られないだろう」という不安は持ってはいたわけですけれども、根津さんはどのように考えておられましたか。

根津 そうですね。現場で闘えるかどうか、それによって変わってくると思っていました。でも、悔しいけれど闘えないだろうという予測はある程度ついていました。というのは、私が1994年に日の丸を下ろした時に、最終的には、みんな私を支持してくれたのですが、最初は、職場のなかで、教員たちが混乱しました。「根津さんだけが下ろしたら、他の教員たちはなぜ一緒に下ろさないのかと批判される。だから困る」って言われました。その時に、続けて大勢の教員たちが言った言葉なんですが、「日の丸は式場に入っているわけではなくて、外のポールに揚がっただけのこと、見なければ済むじゃないか。もしも式場に「日の丸」が揚がり国歌斉唱でみんな立って歌えということになったら、それは体張って闘うよ」って。それは職場の人たちだけじゃなくて、私が当時所属していた八王子市教職員組合の人たちも、あるいは他の各地の教員たちも、一様に私に投げかけた言葉でした。

「日の丸」は攻撃の始まりで、逃げ切れるものではないこと、嵐が過ぎるのを頭を低くして待つことなどできないことはわかっているであろうに、我が身の安全地帯を確認して「反対」を言うのです。だから、攻撃がさらに進み、法律によって「日の丸・君が代」が国旗国歌となって事実上強制されてくれば、これは「強制するものではない」という言葉が付いていても、そんなの簡単に破られるだろうと思いました。

前田 1999年の法律制定のさなかで、全国の大学教員、それまで政治的な発言をしていなかった現代思想系の教員たちがかなり声をあげて、「日の丸・君が代」

の法制化に反対という重要な意見書を出しています。その人たちはその後もしばらくはその問題に意識的に取り組んでいたので、2000年3月卒業式、4月入学式の段階では全国的にいろんな取り組みがあるんですね。ところがその後、ほとんどなくなる、という形になってきます。法律ができた直後は緊張してそれなりにやるんだけれども、それ以上は続かない。あとは一歩一歩後退して行く。気がついたら、完全に実質はとられていた、そういうふうになって行くと思うんですけれども。攻撃対象でもなく弾圧もされていないのに、この大学人たちは、その後、はっきり言って腰砕けになったのです。いまは大学という場所を例に話しましたけれども、どこの場所でも同じようにやって行って、意識的に声をあげる人がどれだけいるのか、あるいは誰かが声を上げた時に一緒になって闘う、あるいはサポートする人がどれだけいるのかによって相当違う。その辺り、年々東京都の教育現場を見てきた結果としてはどうですか。

根津　東京の場合には、特に問題になったのは10・23通達以降、2004年3月の卒業式からですね。この時はもう小学校・中学校はほとんど全滅していました。「日の丸・君が代」実施0％の国立市の小学校を徹底的に弾圧した2000年を最後にして。ですから高校で、いくつか抵抗を続けるところに「君が代」を入れるために10・23通達を出したわけです。高校の人たちは10・23通達が出た直後は本当に問題意識を持って闘ったと思います。でも、小中学校の場合にはそうではありませんでした。

前田　小中学校と高校の条件の違いというのは何ですか。

根津　一言で言えば、教職員組合が高校のほうが強かった、職場に組合活動があったということだと思います。1989年に組合が全教（全日本教職員組合）と日教組（日本教職員組合）に分かれる。その時に小中学校の組合は分裂するのですが、高校は分かれなかったんです。分裂すると組合を脱退する人がかなり生じ、組織率が低くなり、組合としていままで取り組めたことが取り組めなくなってくる。職場の闘いがなくなり、都教委のやりたい放題があっという間にまかり通ってしまうようになって行きました。

前田　この間ずっと気になっていたのは沖縄の状況なんですけれども、かつてほとんど「日の丸・君が代」をやっていなかった沖縄が、何年か前にほとんど100％の実施になりましたよね。

根津　1987年の沖縄国体の時ですね。その時に一挙に「日の丸」を掲揚した学校の割合は0％から100％、「君が代」斉唱は0％から99％になりました。1985年11月、文部省通達により、沖縄県教育庁が学校現場に「日の丸・君が代」の実施指導

の徹底通知を出しました。1986年卒業式で実施を拒否した学校長は処分を受けたのです。

前田 沖縄を徹底的に潰すことによって全国の状況を変えようとしたのかなという気がしているんですけども。ターゲットにされたのは、一つは沖縄、もう一つが東京、そして広島。強制する側から見ても抵抗する側から見てもまさに象徴的な場所が選ばれた。東京は首都ですけれども、最初は国立市をターゲットにしました。それ以外では広島と沖縄でやっている。この辺りのことをどういうふうにご覧になっていますか。

根津 戦争被害を集中的に受け、平和運動、平和教育の拠点である沖縄、広島を選んだのは計算してのことだと思います。広島は1999年に世羅高校の石川校長が「日の丸」問題をめぐって自死されますね。その前年に文科省から広島県に教育長を送り込み、平和教育を実施していた広島を徹底的に弾圧していき、校長の自死に乗じてさらに「日の丸・君が代」弾圧、組合弾圧を強めた。広島ではその前年、18.6％だった「君が代」実施率がこの年に一気に4倍になった。すさまじい攻撃、国家暴力があったということだと思います。広島でもその後は組織として抵抗できない状態になり、個人で細々と何人かが不起立を続けるという状態になった。ですから、権力が乗り出したら、簡単に権力の意図が徹底できることを、強制する側は沖縄でも広島でも証明済みだった。石原都政の都教委は、東京でもそれができると思ったんでしょうね。首都東京がどうするかは、文科省にとっても大きなことだと思います。

　私たちの「君が代」不起立は悔しいかな、数のうえでは限りなくゼロに近いものだけれど、不起立の教員が存在すること、そして、なぜそうするのかを子どもたちや社会に訴え続けていこうと思います。「君が代」不起立を、なかったことにはしたくないです。

私の原点――父親の戦争

前田 次に、「私の原点」ということでお話しいただきたいと思います。当然、「日の丸・君が代」問題でずっと闘ってこられたので、日本の戦争の歴史を反省し、戦後の民主主義と言われてきたなかで育って生きてこられた根津さん自身が、日本の歴史あるいは現在をどう受け止めて、そこから不起立せざるを得なくなってきたのか、その原点をお話しください。

根津 私が起立をしない理由は、一つは教員だから、教育ではないことには加

担できないと思っているからです。もう一つは、私は戦後5年経って生まれて、私の父親も当然戦争に行っています。戦争に関係のない日本人なんているわけはないんですが、やはりそのことは私の生き方のうえで動かすことのできないことです。私は18歳になるまで、父親が戦争に行ったという以外のこと、向こうでどんなことをしたのかということは想像もつかなかった。いまの若い人たちにそんなことを話すと、何で侵略したことを知らないの、と言われます。でも、私たちが使った当時の中学校教科書には侵略について書いてなかったですし、私は全くそれを想像するような感性を持っていなかった、情けないことに。それぐらい「善良な国民」として育てられてしまったわけです。だから「国歌斉唱」の時は堂々と歌っていました（笑）。しっかりと私は日本人、というふうに過ごしてしまった。

　高校を卒業して当てもなく短大へ行って、「世の中色々あるんだ」と初めて気がつくわけです。そのころ、外国人の出入国に際して人権を侵害するような出入国管理法の問題など色々ありました。私は全く何にも知らないからとにかく知らなくちゃ、と思って本を読みました。そうすると必ず戦争のことにぶつかるわけですね。日本と朝鮮の歴史、日本と中国の歴史……、これが事実だったのかと知って本当に衝撃を受けました。それで父を問い詰めるんですが、父は前線に出ていないから殺していないということだけ言って、後は全く無言でした。2日か3日ずっと問い続けましたけれども、ただずっと向き合って……。

前田　お父さんは、どちらに戦争に行かれたのですか。

根津　ノモンハン（1939年5〜9月、旧「満州国」とモンゴルの国境をめぐって発生した日本軍とソ連軍の武力紛争）へ行って除隊、その後中国東北部です。父が病気で亡くなることがわかった時に、これは聞いておかなくてはいけないと思って聞いたのが、いまから14年ぐらい前でしょうか。その時に全部を話したとは思いませんが、そのなかで父親も非国民の烙印を3回押されているということがわかったんですけどね。

　先ほどの話に戻りますが、18歳の時に話を聞こうとしたけれども話を聞かせてくれない。ただ、間接的にでも、人殺しに加担した。大量殺人が戦争なわけです。そのことに18歳の時、初めて気がつくんです。父親がそういうことをしてきた、その娘である私って思ったときに、当然生まれていたはずの私と同じくらいの年齢の人が、日本が侵略したためにその生がなかったんだ、これは私が一生背負っていかなければいけない問題なんだと思いましたね。そのことが、やはりこの不起立の問題、あるいは私が教員としてどうして行くかを考えた時に、いつも必ず考える中心にあります。

前田　戦争で亡くなられたご家族はいらっしゃいますか。
根津　母の兄弟が戦死しています。
前田　伯父さんは靖国神社に祀られているんですね。靖国神社についてはその辺りで考えられましたか。
根津　靖国神社のことは後年考えることになりましたが、当然認めることはできません。祖母は伯父の遺族年金があったから生活に困ることがないと、「死んでも親孝行をしてくれた」とありがたがっていましたが、当時の私にはそれを聞きただす知識がありませんでした。また、祖母の本当の気持ちも、いまとなっては知りようがありません。
前田　靖国神社に参拝に行かれたことは？
根津　もちろん、ないです（笑）。
前田　これは秘密ですが、私は参拝しました（笑）。私は伯父が二人戦死しています。母の兄たちですけれども。上の伯父は1937年に盧溝橋事件で始まった「支那事変」（日中戦争）で負傷して広島の病院に送られて亡くなっています。下の伯父は沖縄戦で亡くなっていまして、摩文仁平和祈念公園の「平和の礎」に名前が刻まれています。1945年6月23日戦死ということになっています。中国や沖縄で彼らが何をしたか、何をさせられたか全くわからない。中国や沖縄の民衆に対して何をしたのか。ただ、私の母やその兄弟たちが、私が東京にいるので靖国神社に行ってほしいと言うわけです。断っていたんですが、一つは親孝行のためと、もう一つは靖国神社のなかがどうなっているか見たかったものですから、一度「調査参拝」に行ってみました。社殿や祈祷のやり方などは、普通の神社と同じでした。祈祷に列席して、お賽銭をあげてきました。お神酒も1杯（笑）。

厳しい攻撃のなかでわかった「自分を偽らない」

前田　では、根津さんに対する停職処分との闘いを振り返っていただきたいと思います。「闘い」という言葉がいいのかどうかということもあるんですけれども、何とどう闘うかということもあって、当然強制し処分してくる権力との闘いが一つあります。東京都教育委員会であったり、校長であったり、時にはPTAが出てきます。さらに、今回の対談のテーマにしている「自分を偽らないために」ということで言うと、自分との闘い、そういうこともあると思います。その二つですね。とりあえず、強制する権力との闘いを振り返って思われること、そのなかでご自分との闘いというのはどういうものであったのか、お話しいただけたらと思

います。さらに重ねて言うと、「自分との闘い」ということでは、「自分を偽わらないために」というタイトルをつけましたけれども、自分を偽った時、あるいは偽りそうになった時、というようなこともあったのかなかったのか、そういうことも含めてお話しいただければと思います。

根津　権力との闘いとは、私はあんまり思っていないんです。結果的に権力との闘いになっただけで、目の前にいる子どもたちに対して、私は教員として間違っていることはできない。子どもたちに対して教員としてやるべきことがある。本当のことをきちんと子どもたちに伝える。一緒に考える。そういうことをして行く教育という仕事のなかで、子どもに対して間違ったことは教えられない、嘘はつけない、それをして行くと結局、権力と対峙することになるわけです。こう思う、だから権力と闘う、のではなくて、子どもとの付き合いのなかで嘘はつけない、一言で言えばそういうことですね。もう一つは、自分にも嘘をつけるかどうか、ということです。黙っていれば、もしかしたら子どもに嘘はばれないかもしれない、けれども私自身を欺いていることは自分自身がよく知っているわけですよね。それはやはり一番きついなぁと思います。

　それは2003年の10・23通達以降に思ったのではなくて、私の場合はその前があるんです。先ほど何度も処分を受けていると言いましたけれども、10・23通達以前に4回処分を受けているんです。4回のなかでも一番きつかったのは、2001年の2月からちょうど1年にわたる攻撃でした。多摩市の多摩中学校に着任して1年目だから誰も知り合いがいない。そういう時に攻撃されるのは十分予測できるわけですよ。用心もしていましたが、用心をしているからと言って家庭科の授業のなかできちんと取り上げたいと思うこと、取り上げる必要があると思うこと、それをやらないというわけには行きません。ですから、色々注意しながらも授業を進めるわけです。そこで、3年生最後の卒業に向けた授業で、「男女共生社会を目指して」と位置づけて7時間、そのなかで「従軍慰安婦」の問題を2時間だけ授業しました。たったの2時間なんですが、そのことで「保護者、市民から苦情が来た」ということで問題にされるわけです。3月には教育委員会が私の授業を見にきました。その時に子どもたちは、私を教育委員会が辞めさせるのではないかと思って心配し、校長と教育委員会がいる校長室に行って、質問や抗議をしたそうです。そうしたら、それが、根津が保身のために子どもたちを利用したということにされるわけです。

　しかし、私の知らないところで都・市教委の台本どおりに事態は進行し、2001年6月に、緊急保護者会という、保護者の前で私を糾弾する会が開かれました。

保護者のなかには事前によくその動きを知っていて、そこに行ったら根津叩きに加担させられる、というので参加しない人たちも随分いたということでした。後で私はそれを伝えられたのですが。それから、こんな攻撃はおかしいと私の立場に立って意見を言うつもりで行った人も、恐ろしくて意見が言えなかった、と聞きました。発言したら明日からここで暮らしていけないと思ったそうです。だいたい会場の10％の人たちがウワーッとやると、全体がそっちの方向に持っていかれるんですね。まさに戦争中の非国民叩きって、こうやってやったんだろうと思われるものでした。生徒たちへもそれが刷り込まれていき、私を避けるようになる。そういう体験をして、本当に逃げ出したかったですね。きつくてきつくて、ここで教員やめちゃえば楽になれるだろうって何度も思ったし、消え入りたいとも思いました。

　だけどここで辞めて逃げてしまったら、私は抜け殻になる、自分を欺いて、自分に嘘をついて、自分が嫌いになって、それで私はこの先生きて行けるだろうか、と思ったんです。生きて行けないと思いました。やはり自分の意思があって、それに従って生きる、だから人は生きるわけですよね。嘘をついて生きるなんてことは私にはできない、自分に嘘をついて生きることが一番きついことなんだろうと、その時思いました。すごいきつかったんですが、何とか生きながらえました。前を向いて生きるためには、仕掛けられた攻撃・弾圧と闘うことが必要でした。対峙し闘うなかではじめて破壊された自己を回復して行くことができました。それを体験的に学びました。ですから、2004年の卒業式以降の処分については、馘首(くび)になるのもいやだ、だから馘首にならない方法はなにかないかと思いましたが、2001～02年の1年間の攻撃を経て、生きるうえで私が一番大事にしたいことがわかりました。ですから減俸や停職処分は、それほどきつくはなくなった。

前田　本来学校というところは子どもたちにとっても楽しい場所でなければいけないはずだし、教師にとっても楽しいやりがいのある場所でなければいけないはずなのに、日本の学校というところは長い間そうなっていない。常に上からの管理・締め付けがあって、子どもたちにとっても楽しい場ではない。教師にとっても追いまくられて忙しくて、と言われる状態が続いているわけですが、これは現場の教師から見てどこに原因があると思いますか。日本の体質なのか、特定の政治勢力の問題なのか、教育理念のあり方の問題なのか、色々あると思いますが。

根津　管理・締め付けに対し教員がこんなことやってられない、おかしいよと言えば、解決は簡単なことです。教員たちは、本当はこんなことは子どもたちのためにならない、教員が管理されれば、子どもたちを管理してしまう、そういうシ

ステムになっていることは十分にわかっている。書類ばっかりつくらされるわけですが、そんなことはやめて、子どもたちと触れ合っているほうが、子どもにとっても教員にとってもどんなにかいいということはわかっている。わかっているけれども、指示されたとおりにやってしまう。指示に従うことがいいことだとも必要だとも思っていないのに。間違っていると思うのに、どうしてできちゃうのかなと私は思うのですが、それは弱さなのか、失うものがあるからなのか、あるいは自分だけが目をつけられるのが怖いのか、あるいは世間の目が怖いのか、というふうに思いますね。

前田 根津さんは怖くなかったのですか。

根津 怖かったですよ。みんな怖いんです。でも、立ち止まって、自分に正直になれば、わかってくるはずです。本当の怖さは別にあるって。

前田 自分を偽るほうが、ずっと怖いことになる。

根津 そうです。後になってわかるだけに、じわじわと苦しむかもしれません。

前田 それに気づいたから、自分を偽る気にもなれなかった。

根津 はい。自分を偽りそうになったり、にっちもさっちも行かなくなったことはあります。一番辛かったのは、先ほど話しました多摩市の多摩中学での攻撃でした。緊急保護者会と並行して子どもたちが使われて、「根津は、君たちを利用しようとしているんだ」って、水面下で一人一人説得されて行くわけです。子どもたちは最初は、「そんなことは先生はしない」って言っているんだけれど、毎日毎日何人もの大人が一人の子どもによってたかって「根津は利用しているんだ」っていうことをやって行ったら、「そうなのかな」ってなって行きますよね。執拗にそれをやった結果、子どもたちは私からだんだん目を背けるようになって行く。そういうのって、教員としては非常につらいです。本当に苦しくて、苦しくて、逃げ出したかった。

前田 でも、踏みとどまれたのはなぜですか。

根津 さっき言ったように、私は私が大好き。自分を裏切りたくない。それですね。みなさんもそうだと思うけれども、自分ってすごい好きですよね。イヤなとこまで含めて(笑)。そうでなけりゃ、自分と付き合っていけないでしょう。

統制する側の気持ち

前田 押し付けられている教師も大変だと思うのですが、実際は押し付けている管理職の側も大変な思いでやっているわけですね。

根津 そうですね。管理職も本当は押し付けたくないと思っている人たちがほとんどだと思います。

前田 つまり、管理職にも押し付けられている。それは、政治権力から押し付けられているのか、それとも管理職であることでお互いに押し付けあっているのか、あるいは自分に押し付けているのか。

根津 それは、管理職も一般の教員も同じだと思います。直接は政治権力から押し付けられているのだけれど、それ以上に先回りして自分に押し付けている。いまこの役職にいるから、ここでやってはいけないと自分で思いこんでいるんでしょうね。

前田 思いこんでいるというのは、いまの政治状況のなかで求められる学校教育、そこにいる管理職としてはこのようにしなければいけない、そういう役割意識を止むを得ず引き受ける……

根津 そうですね。ただ、それをすることがいいことだとは、誰も思っていないんです。思ってなければ、本当にいいと思うことをやればいいのに。そうすれば自分の地位の束縛から自由になれて、自由な発想を取り戻すことができるのに。思考停止に陥っています。

前田 管理職と言うと、2006年4月に、職員会議における挙手採決を禁止した都教委に抗議した三鷹高校の土肥信雄校長についてはどうでしょうか。3年間の再雇用を都教委に拒否されて、裁判闘争中です。

根津 土肥校長は、多くの人たちに受け止められるようにきちんと計画を立ててやっていますね。ですから非常に状況の判断も的確だし、よく見て行動していると思います。君が代問題については、一線を画したい、というところはあるとは思います。

前田 彼の問題提起があって、その後他の校長が続いたという例は聞かないんですけれども。なぜ続かないと思いますか。

根津 多少考えている人はいるようです。土肥校長がああいうふうにやったんだから、と言っている管理職はたくさんはいませんが、1、2人の管理職からは聞きました。そういう人に、もう定年なのだからやっちゃったら、と私も言うんですが、その壁が厚いんですね。

前田 やっちゃえば簡単だけど、なかなかできない壁の厚さ——そのところが学校教育の現場にいない人間にはなかなかわかりづらい面でもあるんです。簡単だけどできない、難しい、具体的にどういうふうにクリアしてもらえるのか。もちろん現場の先生方だけの計算でできることではない。社会的な状況とか色々ある

とは思うんですが、例えば、土肥校長で言うと裁判で東京都と争っていますね。裁判で勝てば他の先生方も変わるのかどうか。

根津 変わらないんじゃないでしょうかね。裁判で勝てば都教委は動揺するでしょう。だけど、他の校長、教員たちが後に続くかというと、続かないと思います。一度やらないって、目の前の障害物を避けて通って、その先にまた障害物があった時、その人は動くかと言うと動かない、と思います。

前田 都教委に情報公開請求をすると、都教委に根津さんのことで結構電話がかかってくるのがあって、だいたい、根津さんを解雇するなとか、組合処分は反対とかという声のほうが多いんです。4,500もの声が寄せられたようです。都教委に声を寄せるのは大事ですね。

根津 とても重要です。東京の「君が代」処分は回数を重ねるほどに量定を重くする累積加重処分です。「停職は6カ月まで」と明言した都教委の方針に従えば、私は2008年には懲戒免職が予測されました。それをさせなかったのは、多くの人の声だと思います。

前田 教育統制では、文科省も東京都もますます動いています。特別支援学校への強制も強まっています。また、大学の教員養成課程で、学習指導を徹底的に教え込まなければならない。あるいは学校評価について評価項目を教育長がつくって、法的位置づけがない第三者評価を文科省がつくって徹底的に都教委に管理させる体制を文科省がつくっている。他の道府県に波及させずに、東京都が突出しすぎて、孤立させるようにしなくてはなりません。

根津 そうですね、統制はすぐに現場に下りてきます。都教委は文科省の先取りをしているから文科省には都合がいいでしょう。特別支援学校――2年前までは養護学校と言っていました――で、社会科、音楽科で「日の丸・君が代」についてきちんとやれという都教委通知が去年、文科省の学習指導要領改定とほぼ同時に出ました。学習指導要領の実施は3年先なのに、です。特別支援学校で実際はどうなのかと言うと、私がいる、あきる野学園では、去年はそういった細かい指示はありませんでしたが、通知が出されれば瞬く間にそれが実行されるのが通例です。

　一方、30人学級は他県では始まっていますが、東京では全く進んでいません。都教委は、教育統制にしか関心がないんです。その結果、1年中、卒業式と同じように、上からの指示命令に従って教員が動く、子どもたちも動かされるようになってしまいました。そういう思考回路、ピラミッド構造が一番問題だと思います。

「不起立」で生まれた出会いと別れ

前田 「不起立」の闘いを支えてくれた出会い、あるいは「不起立」の闘いによって残念ながら生じた別れ、ということもあると思うんですが、別れとその後の新しい出会い、その出会いによってどんなふうに支えられていたのか、いくつか印象的なことがあれば話してください。

根津 私は起立をしないだけでなく、周りの人、特にこれまで一緒にやってきた人たちに「起立はやめようよ」と呼びかけてきましたが、必ずそこではいろんなことが生じて、離れて行く人はたくさんいました。それは残念で悔しいことだけれど、当然あることなんでしょうね。別れよりも、出会いのほうがずっと大きかったです。一つは、私自身との出会いですね。2001年からの処分のなかで、「あ、私ってこうなんだ」という、自分に対する発見とか可能性とかね、そういうものとの出会いというのは、これは闘いがなかったら、なかっただろうと思います。

それから、支えてくれた、行動する自己を肯定できた出会いの一番は、やはり生徒たちです。例えば、立川2中の生徒ですが、停職中、私は校門の前に1日中いて、生徒たちが帰りがけに1時間、2時間、3時間と私と色々話をして行きました。そういう毎日を過ごして行くなかで、一人の生徒は自分をそのなかで問い直して行ったのです。卒業間際に彼女は私にこう言ったんです。

「根津先生がそこに立っていることによって、私はおかしい時にはおかしいと言っていいんだ、っていうことがわかった。これからは何かあった時にはそう言って立ち上がる」。

私、一教員のことを中学生が自分の問題として感じるって、そんなこと私が中学生だったらできなかっただろうなって思ったんです。多くの子どもたちは、「先生頑張ってるね、すごいね」って言った。そういうふうに感じるのが普通だろうと思うのに、自分のこととして感じる。大人だって自分のこととしてなかなか感じられないのに、中学生がこんなふうに感じる。私はものすごい衝撃を受けました。感動しました。そのことを通して、私がここでこうやって立っていることって、意味があることなんだって思いました。本当にいま、生きにくい社会のなかで、なんでも自己責任と言われて、何をするにしても自分が悪いんじゃないか、自分に落ち度があったからこうなったんではないかというふうに思って病気になり、自死して行く人がいる、というなかで、おかしいことにおかしいと言っていいじゃないの、と立ち上がる姿を私が子どもたちに示すことに意味があると思っ

根津公子

た。だから、「次も起立はしない」って思えるんですね。
前田　いまは大人でも自粛、自己規制して、自分を見せない。仕事でも、それ以外の人間関係でも、もたれあいや、媚びへつらいを介在させないと、人間関係が成立しない傾向があります。そういうなかで、自立して行く子どもたちがいるのは、非常に新鮮です。
根津　はい。彼女が2年生になった時に私はこの学校に入ったのですが、それ以前から、彼女は教員からひどい言葉を受け続けていたそうです。教員にとっては指導と思っての発言かもしれませんが、彼女にはかなりきつかった。それで学校を休みがちだった。3年生になって、私に接するなかで、彼女は、自分の意見をちゃんと言っていいんだ、みんなと同じじゃなくていいんだ、ということを気付いて行くんですね。受けなくていい傷を受けさせられると、人ってすごく感受性が強くなって、いろんなものを感じる。彼女もたぶんそうだと思います。ですから私なんて考えられないほどのことを、彼女は感じるわけです。いまは本当にたくましく生きています。
前田　その後、町田の鶴川2中に行かれたわけですが。
根津　町田ではものすごいバッシングを私は受けました。世の中2年ぐらいで急激に変わってしまうんですね。町田って、昔は大下勝正市政（1970〜1990年）で、革新的でしたよね。だから町田はいいところだと思って行きましたら、最初から、私を排除する。迫害するって言ったほうが正しいのかなと思うんですが。そういうような地域でした。警察も出てきました。警察は勝手に来るわけではなくて、通報がなければ来ない。通報したのは、停職が明け学校に入ってわかりました。その時のPTA会長と前年度のPTA会長でした。PTAの会議や地域の会議のなかで、根津を追放する、都教委に差し戻すための策が練られ、署名活動が行われるところまで行ったそうです。
　最終の段階で、一人、反対意見を言う人が現れて、署名は頓挫したそうですが。「ルールが守れないなら教員を辞める」という言葉が地域に行き交い、その言葉を生徒たちが私に投げつける状況がつくられて行きました。停職が空け、なかに入って子どもたちと日常的に接すれば変わるかもって、私も7月の時点ではタカをくくっていたんですが、全然よくはなりませんでした。むしろエスカレートする。そのなかで授業をしました。
　ところが、そのなかでも、必ずそうではない子が出るわけです。年度末、1年間の授業に対する教員評価をこの学校では全生徒がやるんですね。各生徒が各科目ごとに5×20cmの紙を配られてそこに授業のことを書くわけです。授業の評

価なのに、私の場合には、君が代問題で書いている子が学年で10人ほどいました。一例を挙げるとこういうふうに書いていました。「先生が処分されて門の前にいることによって、いやなことはいやだと言っていいんだ、ということがわかりました」って。一人の子はひょろひょろの薄いシャープペンシルで書いていました。その子はきっと、いつも「なんでおまえは皆と一緒にできないんだ」って、クラスの仲間たちからも、あるいは教員たちからも言われてきた子じゃないかと思いました。で、その子が、「いやなことはいやだと言っていいんだ」「私は私でいいんだ」と思ってくれた。自分を肯定できたんだ。大事なことが伝えられてよかった、と思いました。すごい元気をもらいましたね。私は町田でもそういう子どもたちの声に支えられました。それから今日ここにも来ていますが、石川中の卒業生たちに相当支えられました。

市民的不服従のために

前田 根津さんの闘いを日本の平和運動、あるいは学校教育の在り方と絡めて全体として見たときに、どういう位置にあるのか。平和運動にしてもその他さまざまな人権運動にしても、いまが一番辛い苦しい時期でどうもうまくいかない。そういうなかで一つ出てきているのは、これは日本だけではなくて国際的にもそうなんですが、「市民的不服従」というものの考え方ですね。これを私はこの間ずっと重要視しているんですが、日本の社会では「不服従」という思想が根付いていない。そういうことが非常に強く言えると思います（不服従について、前田朗『非国民がやってきた!?』耕文社、2009年）。

典型的に言えば、インドのマハトマ・ガンディ（1869～1948年）や、アメリカのマルティン・ルーサー・キング牧師（1929～1968年）に代表されるような「不服従」の思想は、それなりに確立していて、それぞれ欧米諸国では、「不服従」という考え方があるんだということは社会的に認知されているんですね。それは特に、徴兵制のある国の場合に、「兵役拒否」が権利として認められているかどうか。例えば、太平洋のミクロネシア連邦という国の憲法には、市民には徴兵拒否の権利がある、と書いてあるんですね。そもそも軍隊のない国家です。徴兵制もない国なんですが、もし万が一徴兵制ができたとしても、市民が徴兵拒否をする権利がある、と書いてあるんです。そういう憲法をつくっている国であれば、まさに市民的不服従がそのなかに認知されている。

でも、日本の社会には、それがどうも認知されていません。不服従という言葉

がいいかどうかは別として、自分自身が生きるために、あるいは自分の良心を自分で傷つけないために行動したり発言したりすると、この社会とぶつからざるを得ない部分が出てきます。そういう時に、自分の意志や思想を社会の人々にどう伝えて、どう理解してもらって行くのか。日本の場合には最初の出発点がポイントだと思うんですけれど。その辺り、根津さんからご覧になってどうでしょうか。

根津 私のしていること──「君が代」不起立が市民的不服従なのかどうか、と考えた時に、私自身はそんなつもりでやっているわけではないんだけれど、そう言われれば、「あっ、そうなの」っていう感じだと思います。子どもたちの教育や人権が確実に脅かされる、そういうなかで私はそれには加担できないんだ、っていうことでそこで立ち止まる。それが、社会的に意味があるということになれば、市民的不服従になるんでしょうね。

前田 市民的不服従の問題は、民主主義国家における政治的意思決定の問題でもあります。とりあえず多数決によらざるを得ない、しかし、同時に多数決の形成過程の論理として少数意見の尊重というのが一方に出てくるわけですね。政治的な局面では少数意見の尊重という問題がある。他方で、多数決で決定がなされたという段階に関して言うと、多数決でもってしても奪い取ることができないもの、多数決によって否定してはいけないもの、そういうものがある。一言で言うと人間の尊厳にかかわる問題なわけですが。この少数意見の尊重というプロセスと、それが守られようが守られまいが、どういう決定がされようが、多数決原理によって奪い取ってはいけないものがある。そのことをこの社会がちゃんと認識しているかどうか、ということなんです。

根津 日本の場合にはほんとにそれがないですよね。「少数意見は尊重される」ことは民主主義の根幹にかかわることです。ところが日本では、「民主主義イコール多数決」であって、多数決によって同調作用が働き、結果的に少数者を異端視する、という状態が生じます。都教委だけでなく裁判所も、私たち「不起立」教員の異議申し立てに対し、「公務員は職務命令により思想・良心の自由が侵害されても、受忍するもの」と言います。そういうなかで私も異端者とされ、異端視されているなと思います。

前田 たぶん、どこの国でも、どこの社会でもそういう局面はあるんだろうと思いますが、近代市民法とか近代国民国家が形成されたときに、まず最初に「非国民」がつくられていた、と思うんですね。非国民をつくることによって「国民」国家が形成されて行く。その後、いったん形成された国民国家のなかでは、そう激しい非国民づくりというのは出てこなくなります。ただし、危機に直面するた

びに、その社会は何らかの形で非国民を必要とする。一般的な言い方になりますけれども。

そういう非国民を必要とする時というのが、例えば、『独裁』や『政治神学』を著したカール・シュミット（1888～1985年）というナチスに協力した法学者の言葉でいうと「例外状態」——つまり民主主義国家が健全に機能している時ではない「例外状態」、危機・緊急時のことです。この時に決定をするのが主権者です。その主権者というのは、当然、国民主権や人民主権の原理に基づいていますから、多数決原理の勝者が主権者になるわけです。主権者がたくさんいると困るから、結局シュミットは、「独裁こそがよい」というほうにシフトするんです。シュミットは単なるナチス御用学者ではない、と言い募る研究者がいまでも数多くいますが。

独裁まで行かない段階で議論されるタームが「例外状態」です。日本という国家社会のなかで、その都度その都度「例外状態」に直面すると、ここで国民とともに非国民が必要とされる。それがまさに1999年の国旗国歌法以降の状況です。一定の例外状態でのプロセスのなかで非国民があぶりだされて行く。そのなかに根津さんがいる。

そういう図式のなかで言うと、近代の国民国家のなかで非国民にされざるを得ない人たちが必ず出てくる。それをどう止めるのか、あるいは出てきた時どう支えるのか、私たちがどうやって闘って行ったらいいのか、その原理を「市民的不服従」と、とりあえず言っています。「人間の尊厳」あるいは「良心の自由」「信仰の自由」という内面にかかわる部分をどうやってこの社会でお互いに認め合うようにしていけるのか。それがどうもいざとなる時に日本ではそこが認められていないと思います。

根津 お上に逆らわず波風立てないことを良しとする風潮が日本には強く、そうした社会は「異端者」「非国民」をつくり出しやすい。誰もが一人の人間として自由にもの言うこと、その数が多くなることではじめて、互いの違いを認め合うこと、人間の尊厳の確立が始まって市民的不服従が社会的に認知されるのではないかと思います。

これもよく言われることなんですけれども、戦前・戦中・戦後——そこのところで、しっかりした反省というのが全くされていないですよね。国全体としてもそうですし、一人ひとりもそうですね。いままでは軍国主義教育をずっとしてきた。1945年を境に軍国主義教育から民主主義を基調とする教育に変わる。同じ人間が国の価値転換と同時に、同一の価値転換をするなど、そんなことできるはずが

ないのに。そこで自分の折り合いがつかなくなって教員を辞めるとか、それだけではなくて人生を辞める、そういう人たちもいたわけですが、でもその数はほんとに少なくて、大半は戦前・戦中・戦後が全くそのままつながっている人間であるわけですね。個がなく、個の尊厳が認識できず、上が変わったら、自分もこういうふうに思っているというようなことを平気で言えてしまうような人たちが日本の中には余りにも多いですね。戦争というその時だけではなく平時でも、一つひとつの局面で。

「日の丸・君が代」強制の問題もそうです。学校のなかで、「日の丸・君が代」強制反対、「日の丸・君が代」それ自体に反対という人たちが初めはたくさんいました。ところがだんだん追いやられて、「日の丸ぐらいいいじゃない、君が代はだめだけど」ってなって、今度は、「まあまあそんなこと目くじら立てないで」っていうふうになって行く。弾圧されて立ち上がれなくなるのではなく、その前に自己規制が働いてしまう。本当だったら一人の人間のなかでそんなことは起きないはずですが、容易にそれができてしまう。結局、一人ひとりの個が確立していない、ということなんだろうと思いますね。その個が確立していないことの集合体がいまの日本の国民なのではないかと思います。

それでも教師で居続ける

前田 市民的不服従の問題を考えてきましたが、根津さんが教師になったこと、そこでの不服従が「教師」という職業にかかわっている面もあります。教師も千差万別ですが。不服従とも言うべき対抗原理を根津さんはいまお持ちだと思うんです。それは職業倫理なのかもしれない。どういう志を持って、あるいはどういう存在になろうとして教員という職業を選ばれてきたのか、改めてお伺いしたいのですが。

根津 いまの時代って、多くの人が不安を持っている。けれども一方で流れに逆らわなければ、金銭的にある程度保証がある人たちは楽に暮らせますよね。「なにがこの社会に不都合なことがあるの？　平和じゃない。ほかの国を見てごらんなさいよ」っていうふうになるわけですね。ですから、自分が一つひとつのことに、これは私にとってどうなのか、自分が生きるうえでどうなのか、社会にとってどうなのか、と考えていかないと、通過してしまうものですね。私の場合、やはり通過はしたくないなと思いますね。特に教育、教員にかけられてきた攻撃には、職業倫理が私には一番働きますね。ほかの仕事だったらどうだろうと思いま

すが、やはり自分がそこで仕事をしている当事者なわけだから、避けては通れない、と思います。とりわけ相手が子どもだということがありますから、よけい責任は感じるだろうなと思います。

　なぜ教員になったかですが、私は18歳まで、全然社会を疑わなかった。まさか教員になるというよりも、仕事を持つなんて思ってもいないんです。専業主婦になるって思っていたんですね。家がミカン農家で、猫の手も借りたいぐらい忙しかったから、小さい時からずっと家の仕事をしてきて、「もう百姓なんていやだ、楽な暮らしをしたい」と思っていて、だから仕事に就くなんてこと考えてもいませんでした。

　先ほども言いましたが、18歳の時初めて日本の侵略の歴史を知り、戦争ってこういうことだったのか、とわかる。衝撃でした。学校では、何にも教えてくれなかった。当時は教員の半数近くが兵士として戦争に行った人だったはずなのに。私たちはそういう人たちに教わったんです。ところが一言も戦争体験や思いを話してくれる教員はいなかった。もちろん教科書にも書いていない。ということで、結局学校では本当のことを教えてもらえなかった、騙されていた、っていうふうに私は思うわけです。すごく悔しかったですね。それに気が付かない自分自身の感性のなさにも自分で嫌だったのだけれど。そうやって一つのことに、これ違ったんだとわかると、いろんなことが見えてきますね。そうすると社会の仕組みも見えてきますし、当然平等を願う私ですから、女だから仕事をしないということはないだろうって思ってくるわけです。それで、何の仕事をしようと思った時に、教員になろうって思った。それは私のような子どもを再生産してはいけないって思った。

前田　なぜ社会科の教師にならなかったのでしょうか。

根津　たまたま進学した短大が家庭科の教員免許を取得できるところだったんです。実はその後は積極的に家庭科の教員になりたいと思いました。なぜかというと、そのころは「男女差別」、いまは「女性差別」と言っていますけれども、家庭科は女子のみ履修の差別が集中している教科なわけです。また、家庭科は社会と密接な関係があるわけですね。生活をするということは、社会のなかで生きて行くことですから、個人の日常の生活が社会と関係しないことはないわけですから、家庭科のなかで社会的問題をとりあげていこう、「これはしめた」と思ったわけです。それで家庭科の教員になったのです。

前田　たまたま進んだ先だったけれども、いわば「天職」にめぐり合って、自分を偽らずに生きられたわけですね。もう一度生まれてきても家庭科教師になりた

いですか。
根津 はい。そうですね。

自治と平和をつくる闘い

閉塞感を打ち破る希望

前田 いまや、真面目にものを考えると――特に政治、社会、経済の現状を考えるとなんだか元気がなくなります。かつて石川啄木が言ったような「時代閉塞の状況」にはまり込んでいて、突破口が見えない。平和運動とか市民運動とか、現場にいる人たちだけでなく、みなそれぞれ痛感し、慨嘆しているのではないか。時代閉塞の状況のなか、いつの間にか「非国民」が必要とされる時代になっているのではないか。そこで非国民が生み出される状況、非国民をつくる社会とはどういう社会なのか。そういうことを議論してみたいと思いまして、非国民代表の上原公子さんにお願いをしました。

上原公子さんは、国立市長として2期ご活躍されました。それ以前にも市議会議員として、環境権、景観権にかかわる問題などさまざまな取り組みをされました。市長を終えた後、『しなやかな闘い――いのちあふれるまちづくりの試み』を出版されました。長年の闘いを1冊の本にまとめたものです。この本を手掛かりにしながら、インタヴューを始めたいと思います。まず、いまの状況をどういうふうに捉えていらっしゃるのか、伺いたいと思います。前国立市長として、自治をめぐる最近の出来事をご覧になっていて何を考えておられるのか。次に何に取り組もうとされているのでしょうか。

上原公子さん
[うえはら・ひろこ]

憲法記念日に宮崎県に生まれる。法政大学大学院修士課程中退。東京・生活者ネットワーク代表。国立市議会議員。水源開発問題全国連絡会事務局。国立市長(1999～2007年)。著書として『国民保護計画が発動される日』(自治体研究社、2006年)『しなやかな闘い――生命あふれるまちづくりの試み』(樹心社、2008年)がある。

上原 「非国民」をつくるかどうかは、一つには国民の主権者意識にかかっているということを最近特に感じております。地方分権推進法ができた直後に私は誕生した（市長になった）わけですね。

　それはちょうど国のほうで、ある種、地方に対する分権という期待感が高まってきた頃です。その期待感の裏にある国の真の目的としては、大赤字になってしまった国の財政の行き詰まりを、地方分権という名目で、経済的な自立を地方に押し付けようということだったんですが、その目的とは別に市民運動の側から思わぬ効果で地方分権に期待が高まってきて、地方で自立して行こうという動きが出てきた。そこで、この自立しようという市民の動きを、今度それをどうやって抑えようかという動きがこの10年間、非常に明確に出てきたのではないかという気がします。後に具体的に述べますけれども、私のように、地方主権とか、国民主権とかを明確に打ち出して、国の政府に対してきちんとものを申す首長が誕生するということは、たぶん想定外だったのだと思います。それをいかに抑え込むかということが非常に難しくなった時に、法的手段で抑え込み、国家がコントロールするシステムをつくろうとしました。その一つが住基ネット（住民基本台帳ネットワークシステム）です。さらに、国立市のように言うことを聞かない首長の権限を召し上げようという、住基ネットに絡んで地方自治法改正の動きがあります。

　それから、元気になって行く地方の時代の知事や市長のもとでは、当然市民も元気になり権利の自己実現を図ろうとします。そこでかつての企業戦士のように、滅私奉公のひたすら従順な国民になってもらうように意識を変え、国に協力を惜しまない国民の組織をつくることに活用して行くのが有事法制に絡んだ国民保護法だったわけです。並行して日常生活のなかで、一貫してものを言わない「非国民」をどうつくって行くか、反発する者をはじきだして行く構造をどうつくって行くか、という「組織化」の問題がどんどん出てきたような気がします。そのなかで、国民自身はどういう動きをしてきたかというと、片やなんとか地方自治というところで主権を実現したい、平和を実現したいという動きと、他方で最近都知事のように「吼えるタレント知事」が次々に誕生しています。また、問題発言のために航空幕僚長を更迭された田母神俊雄のような少し前だったらあり得ない発言を平然とする元自衛隊幹部が世間にもてはやされるといった、一見強くものを言いそうな人たちを生み出すという、極端な動きがあったような気がするんです。

　2009年4月19日に兵庫県宝塚市の市長選挙がありました。初めて宝塚市に女性市長が誕生したんです。東京ではあまり報道されていませんけれども、宝塚市

は歴代市長が汚職にまみれていたらしいんです。ほっといた市民もどうかと思いますが、2代続けて市長が逮捕されているんです。ちょっと様子を聞いたら、あまり市民の動きがないというので、余計なお世話ですけれども、実は私は友人と一緒に押しかけて行きました。なんとかこれを機に政治を市民の手に取り戻しましょう、と。候補者決定から1〜2週間しかなく、候補者を立てる段階からなかなか困難な状況にあったんですが、なんと女性市長が誕生したんです。市民派から。ですから閉塞感を打ち破る希望が出てくれば市民も動く。首長を立てることが市民として大きな意義があるってことを感じている人たちも増えてきました。そういう意味で、国民(市民)のなかには「国がいかに自由な人たちを抑えるかという動き」対「主権者として自分たちの手で変えようという対極の動き」があるんではないかという気がします。

　事前に前田さんから資料がメールで送られてきまして、『非国民の思想』(話の特集、1994年)という本を書いた夏堀正元さんのことが引用してありました。こういうふうに書いてあるんですね。「国が上から一方的に非国民を名指して排除していくとは見ていません」。国から非国民とは言わないと。どういうふうに非国民になって行くかというと、「むしろ迎合して協力していく臣民自身が隣人の中に非国民を嗅ぎ出していく。抵抗するのではなく協力することによって、自分だけは排除されない地位を得ようとする」。これが非国民の行動だっていうふうに書かれていたんです。いまの状況ってのはまさにそういう事態が、いろんな仕掛けのなかでつくられていると感じます。

原点としての日本国憲法

前田　夏堀正元(1925〜1999年)は、戦後日本文学のなかでは、現代史の暗部をえぐりだす作品で知られる作家です。例えば、国鉄総裁不審死の下山事件を素材にした『罠』とか、あるいは新島ミサイル基地問題を取材した『豚とミサイル』とかが初期の代表作です。夏堀によれば、日本の民衆は、かつてよりも思想の自由とか表現の自由のようなさまざまな権利を獲得したはずなのに、いつの間にかその権利を行使することなく、逆に自分たちの社会のなかに非国民を見つけ出し、非国民を見つけ出すことによって自分たちが助かろうとした。そういうロジックをいまの現象としても押さえられるのではないか、と私は考えています。戦後、日本国憲法ができて、私たちはようやく自由になった自分に直面する。そこから、彼女も彼も真の自由をめざす。ところが、日本国民は自由が好きではないのか、

と悩むような現実が生じてきます。思想史的には「主体」をめぐる問いがくり返されてきました。そうした探求の集大成が大著『渦の真空』(朝日新聞社、1997年)です。夏堀の到達点であり、現代文学史に残る作品です。

　さて、日本国憲法は上原さんにとっても最重要な原点なわけです。なにしろ、憲法記念日の5月3日が誕生日です。国立市長になるまでにいくつかの原点、いくつものターニングポイントがあったと思うのですけれど、市長になるまでの歩みを簡単に振り返っていただこうと思います。

上原　私自身は市長になろうとは全然思っていませんでした。市議会議員を1期やった時に、市長ってのはどんなに大変な仕事なのか見ていましたから。自分ではやりたくない仕事と思っていたのですが、どうしても市長選に出なきゃいけなくなりました。出るきっかけになったのは、国立市ではマンションをめぐって景観問題が起こりまして、裁判をやっていた原告団の幹事として都や市と闘っていたわけです。闘いながら、この闘いは市民自治の問題だと思ったんですね。国立市というのは、歴史的に市民たちが手作りでつくってきたようなまちです。1952年、文教地区に指定されるんですが、この時の市民の文教地区闘争を見た当時の一橋大学の増田四郎教授が「まちづくり」という言葉を初めて使われたんですね。まさに市民自治の始まりです。

　そのまちづくりが戦後間もなく国立市で起こってずっと市民が手作りで築き上げたまちの景観が高層マンション建設で崩壊し始め、景観訴訟という一つの象徴的な事件を通じて自治が侵害されたと気付くんです。そこで市長を代えて市民自治の復権を果たすということが私の公約になるんですが、それと同時に「新しい市民自治」をどう捉えるかという私のテーマがあったんです。

　さらに、お隣の国分寺市の憲法学者、山崎眞秀教授(前静岡大学教授、後に国分寺市長)が開いてらした市民憲法教室の塾生になって4年間通っていたんです。そのなかで、一つは憲法3原則について——国民主権、基本的人権、平和主義——私はその実現のために地方自治が憲法のなかで重要な位置づけがあって、地方自治を明確にやっていかないと、憲法3原則の実現は困難であろうというふうに思っていました。

　1995年、憲法教室に通っている時に、沖縄で米軍兵士による少女暴行事件が起きて、沖縄で大変大きな運動が起こりました。島ぐるみの闘争です。その時に太田昌秀知事が、土地収用の押捺を拒否して裁判になって、憲法教室で太田知事の最高裁の意見陳述を読みました。そのなかで太田知事は、この土地の問題は、県民にとっては憲法に基づく基本的人権の回復が一つの願いであって、そのため

に基地を縮小してほしい。せめて本土並みの基本的人権がほしいんだと。だから自分は県民の願いに反して判を押すことができないと、まさに基地問題は憲法に保障された基本的人権の侵害であり、地方自治の侵害であると繰り返し述べられているわけです。そのことを憲法教室で勉強していたものですから、自分が市長になった時に、憲法3原則を実現するために、地方自治を憲法に沿って実現するにはどのようにやればいいのかが、ずっと私の課題でした。私が手本としてきたのは、憲法に基づく基本的人権の問題であり、国民主権の問題であり、平和の問題だったのです。

自治と平和を掲げて

前田 国民主権や平和主義という憲法原則は誰でも知っているとは思いますが、単に知識にとどまりかねないものです。学校で少しは教わりますが、普通に暮らしていると、暮らしのなかで出会わない、見えてこない。このために「原則」を現場で活かすことが難しい面があります。原則を現場で活かす出発点、手がかりを、上原さんは憲法教室や沖縄の闘いを通じて獲得されたということですね。国立市という現場で自治と平和をセットで考えられたのは、具体的にどういうことなのでしょうか。

上原 いまでも貧困問題とか、社会保障制度の問題——年金問題に始まって日本の社会保障制度が実はグズグズになってしまっているのに、政府はそのことに手をなかなか打たない状況で、みんな初めてこれは大変だと気がついたわけです。けれども、地方自治体にいると、市民の暮らしと向き合っているものですから、日々すごく大変なわけです。制度が変わる度に、現に制度のなかに生きている人たちを法律の範囲内では救えないことがたくさんあるにもかかわらず、法改正されて、むしろ保障が崩れて行く状況が実際にあるんです。

しかし、職員は法に従って変えていかざるを得ないんですよね。実態はどんどんひどくなるのに、職員は市民を追い込んでいかなければならない立場に置かれてしまう。私は自治体の長なわけですから、法律に縛られる立場にあるわけですよ。でも、基本的に地域の市民の生活をサポートをしなければならない自治体が、追い込んで行く立場になれないわけですよね。だから、色々見て行くと法律も必ずしも正しくないことがたくさんありました。いつも職員に言っていたのは、「悪法も法なり」ではなく「悪法は正すべき」、悪法を正すのが地方自治、地方分権なんだということです。

その立場でものを見ると、憲法前文に書いてある政府の行為によって戦闘を起こした時のように、政府はいつも正しいわけではないから、過ちを正すために国民主権ということがはっきり書かれてある。政府が荒っぽい法律をどんどん出してくるなかで、想定外の狭間のなかで、いろんな人たちが落ちこぼれて行く状況がたくさんあったわけです。2009年の麻生太郎政権の定額給付金の問題だって、本当は一番救わなければいけない人たちを救えないんですね。ですから、そういう狭間で生きて行く人たちと向き合っていかなければならない自治体は、当然、国にもの申していかなければならない。根拠となるのは、法律ではなく憲法だったわけです。それはもうびっくりするほどひどい状況のなかで、自治体職員は本当に苦労しながら、市民をどういうふうに救済できるかを、少なくとも私がいた8年間は大変な努力をしました。

前田　日本国憲法の「権力論」は、一般的には国家権力のことであって、立法・行政・司法の3権のことであると即断されがちです。地方自治は別枠だというのがありますね。しかも、基本的人権の条項は、憲法第3章——憲法の前のほうにあって、地方自治の第8章とは離れた場所に置かれている。このため権力と個人の関係が、主に国家と個人の関係として把握されがちです。地方政府と個人の関係こそ、もっと具体的なはずなのに。

上原　憲法問題というのは、具体的な日々の暮らしとはなかなか結びつけにくいのですが、憲法教室で学んだ時は、教えてくださった主宰者の山崎眞秀先生は、毎週新聞に出ている記事から憲法問題を具体的に取り上げてくれて、それはとても大きかったと思うのです。市役所とか市長の仕事というのは、住民の生命財産を守ることが重要な使命と言われています。一口で言うと簡単なのですが、実際に守ろうとすると、生命財産を本当に保障するための自治を自治体のなかでつくろうと思うと、法律が邪魔をすることがあるんです。それで法律の根拠をさかのぼって行くと憲法に突き当たることがたくさん出てきた。私が異議申し立てをする時には、憲法から考えてみて、この法律では救済できないとか、この法律では阻害要因になるとか言わざるを得ない。暮らしに一番近いのは地方自治体ですから、基本的人権とか、国民主権とか、そこからボトムアップしていかない限り保障されないだろうと思います。

住基ネットをつながない理由

前田　憲法と法律の落差というか、矛盾は大きな問題で、例えば住基ネットの

問題もそうでした。住基ネットをめぐる闘いについてはどうですか。

上原 1999年に住民基本台帳法が改正されてネットワークにつながなければいけないことになって、2002年に実施されるのですが、いくつかの自治体から議会での反対意見書が出たんです。なぜかと言うと、住民基本台帳は、それをもとに地方自治体はいろんな住民のサービス提供などに必要な、一番基本的な住民把握をするための台帳です。それがないと住民に対してサービスができないという一番基本的で重要な住民情報だったわけです。法律上、地方自治体が責任を持って台帳を管理しなければいけない、地方自治体の固有の事務とされているものです。

ところが、事務効率化のため、国民の利便性のためという二つの理由で、総務省から法改正が出てきました。これまで、各自治体が個別に管理してきた住民基本台帳を、全自治体がコンピューターのネットワークにつなぎ、それまで紙媒体で情報交換していたものをネット上での情報交換に変えるものです。一見便利で、IT時代には当然のように見えますが、ほとんどが国の機関が一方的に使うためのもので集中管理されます。当初、国民総背番号制度になるからということで、マスコミでも大きな反対意見がありました。しかし、総務省はネットワークにつながないと違法であるとの見解を示したので、ほとんどの自治体はつないで行きました。でも、国立市ほかいくつかの自治体はつながないという選択をしたんです。

その理由として、当時は個人情報保護法ができていない、法律の不備であるということでつながなかったのです。ところが、法律ができると同時にバタバタとつないで、横浜市、杉並区、国立市、福島県矢祭町ぐらいが残ったのですが、現在は国立市と矢祭町だけが切断しています。切断の理由として私がコメントしたなかで、一つ重要なのは、個人情報はとても重要な情報なのに、それをインターネットにつなぐとあっという間に世界中に広がる可能性があるわけで、完全に防御できると言い切れないという懸念でした。もう一つは、個人情報が漏洩することによって生命財産に関するいろんな事件、犯罪が起こっていたわけですから、それを防ぐことです。もう一つ懸念したのは、まさに地方自治の問題なんですけれども、地方自治体の仕事のうち固有の事務というのは、自治体の首長が全責任を負います。ところが、総務省が、住基ネットに関して出したパンフレットには、「国が管理するシステムではありません。自治体の共同システムです」と書いてあったのです。つまり、責任は自治体の首長にあり、総務大臣は、責任を負わないということです。

国が個人情報を管理したら、また昔のようになるから反対だという意見がたくさんあった。だから、国は管理しない、自治体と共同で管理するシステムだというふうに言ってしまったんです。通常、固有事務というのは、自治体に選択権があるんですよ。例えば、下水道とか上水道とかは共同システムをつくっていい固有の事務なんですが、だから参加してもいいし、参加しなくてもいい。共同システムにするかどうかの選択権は、責任を負う自治体の裁量権とされているのが、固有の事務なんです。ところが、今回の住民基本台帳法改正にあたっては、共同のシステムと言いながら、参加を義務化してしまったんです。選択権を許さない。そうすると、首長は固有の事務に全責任を負わなくてはいけないのに、選択権がないのはおかしい。これは地方自治の侵害だと私は考えます。憲法13条に基づいて個人情報コントロールも権利として、2009年4月までに15の裁判で住基ネットは争われています。裁判では、個人情報は13条に基づく「自由及び幸福追求の権利」にあたることは認めましたが、コントロール権までは認めていません。しかし、個人が情報コントロール権を持つように、管理する側も選択権を持つべきだ。これが、まさに地方自治が信頼性を得ることだ、ということで私は切断をしたんです。私は市民のみなさんに対して生命財産を守る責任を負っているわけですから、できないものは約束をしない。まだ切断を続けています。現市長も一緒に取り組んでいた人なので続いています。ところが、痺れを切らした政府が是正要求を出したのに国立市が言うことを聞かないということで、どうも地方自治法を改正してとんでもない法律になって、地方自治という主権がぐちゃぐちゃになりそうな状況が生まれているようなので、これはぜひ国民的運動にしてもらいたいと思っています。

前田　そもそも戦後の地方自治の歴史を見ても、地方自治の権限というのは極めて少ない。中央集権的官僚制がずっと続いてきて、しかもその後、長期的にますます地方自治の権限が奪われて行く。また、国民保護計画のように、上から押し付けられる仕事は増える。しかし権限はない。しかもそれに呼応して、多くの自治体が不満不平を言わず従いながらやって行く。それが当たり前だと思わされてきた。おまけに近年の市町村の大合併でますます進行しています。そこまでやってきても、国から見るとまだ足りない、地方自治法の改正が必要だということになるのでしょうか。

自治への攻撃が強まる

上原 これは新聞情報で、地方自治法の改正内容がまだ明確にわからないんですけれども、要するに、「総務省の命令に従わない自治体を対象に」って書いてあるんです。国は、国の命令に従わない自治体に対して是正要求を出せるようになるんです。国立市は、是正命令に従っていないんですけれども、是正要求に従わない市に対して、高等裁判所が是正措置を自治体に命ずることを求める訴訟を閣僚が提訴できる、そして判決にも従わない首長や自治体には罰金を科すことができる、首長に対する不信任手続きの要件を緩和することができます。

通常、首長に対する不信任案に対する決議は過半数ではなく4分の3ですが、この場合、不信任決議を過半数にすることができます。また、不信任決議を得た首長は議会解散権を持っているから、なかなか議会は不信任決議を出せないんですね。ところが、この場合には、議会が不信任決議を出して、それが通った場合には、首長は議会の解散権を行使できないようにする。解散権の召し上げです。そんなことを検討しているらしいんです。だから住基ネットに限らずいろんな問題で、国の法律で決めたことに対して従わない自治体に対して抵抗させないような仕組みを法律などでつくっていこうとしている。まさに地方分権に反する状況をいまこの法律でつくろうとしているんです。

前田 しかし、不信任に対して解散権も行使できないことになると、保守系の、あるいは政府の言いなりの首長も、いつ不信任を突きつけられるか、とても怖いことになりませんか。

上原 もともと保守系の首長は政府の言いなりです。だから国に対して抵抗する首長がいると、その影響力が大きいわけですね。住基ネットでは「一人たりとも参加しなければこれは機能しない」とずっと言い続けてきたのに、国立市と矢祭町、合計8万人ぐらいが参加しなくてもちゃんと機能しているわけですよ。言ってきたことが嘘だというのはバレバレなわけです。そういうことがたくさん出てくるとまずいので、国家の権威を保つためとか、抵抗勢力をできるだけ排除するためにやっているようなものです。首長ってものすごく権限が大きいわけですね。何万人という人たちと一緒に行動することと同じことになりますし、発信力がありますから、同調する自治体が出てくると大変なことになるので、まず首長を潰そうと。そういうことです。

前田 地方自治にはもともと制約が大きかったうえに、小泉純一郎政権の三位一体改革(国と地方公共団体に関する行財政システムの改革で、①国庫補助負担

金の廃止・縮減、②税財源の移譲、③地方交付税の一体的見直しの3つから成る）によって財政の弱い地方が切り捨てられたわけですが、国立市の場合にはどういう影響があったのでしょうか。

上原 どこの自治体もそうですけれども、国が地方分権をなぜやったかというと、それまでは国の管理がしやすかったのに、分権を持ち出したのは、国が財政的に困窮したから、地方を分断して切り離したくて地方分権と言い始めたんです。ですから、当時、小泉純一郎首相は、まさに地方の自立と言いながら、地方に対する締め付けをどんどんやって、三位一体で、本来は権限を地方に渡すのと同時に財源も渡すという約束だったんです。いまは三位一体がどこかへ行っちゃいましたけれども。先に権限移譲をやって、財源移譲を後にするという約束だったのに、結局権限は増え自治体の仕事が膨大になりました。

しかし、それに伴う経費は、その仕事量に見合ったものはもらえていません。また、補助金を全部引き上げて、地方交付税とか言うので、自由裁量権で使っていいよって形であげると言っていたのに、これも必要な額の8割ほどしか来ない。それだけではなく、自治省の持っている地方交付税の総額を縮小してしまったんです。そのため本来はもらえたはずの地方交付税をもらえない自治体がたくさん出てきました。

だから国立市は財政的にはよくなかったんで、当然昔だったらもらえる分の地方交付税はもらえなくなって、不交付団体になったんですね。だから自立した財力を持たなくてはならない、しかも約束をしていたものをもらえない、もう二重の苦しみです。国立市みたいなところはたくさん出てきたと思います。だから、地方自治体の住民のみなさんが、自分の税金がどういうふうに使われているのかちゃんとチェックしないと、だめなんですね。日本人って、自分の税金にあまり関心ないのかな。自民党政権のばらまきも、もらうのは誰しもうれしいでしょうが、あれは全部私たちの税金ですから、ばらまいた分、どこかは削っているわけです。結果的に福祉とか生活に必要な部分が縮小されていることを見極め、もう少し地方自治をしっかり考えていかないと、その辺のごまかしにみんな乗せられてしまうのかなって思います。

初の無防備条例賛成意見

前田 無防備平和条例と国民保護法に話を進めましょう。上原さんの『しなやかな闘い』という本に「くずれぬ平和を――国立市平和条例に対する意見」という一

節があります。国民保護法に基づく国民保護計画に対抗して、国立市民が無防備平和条例をつくろうという運動を行った時のものです。平和無防備条例運動というのは、「私の町は戦争に協力してほしくない」ということで住民が有権者の50分の1の署名を集めて、自治体に条例をつくってほしいと請求する運動です。無防備地域宣言、非核、平和教育などの平和行政を求めています。この請求に対し、当時の市長であった上原さんが賛成の意見書を出した。これが、無防備平和条例に対する首長としての日本初の賛成意見書だったわけです。たぶん世界初です(笑)。現在までに国立市と大阪府箕面市(藤沢純一市長)の二つしかありません。この無防備運動と国民保護計画という戦争と平和をめぐる問題、同時にそれが地方自治という局面で物事が動く、そういうテーマについて、自治体のなかからどういうふうに住民の権利や暮らしを守るのか、どういうふうに平和問題を考えるのかという視点で、非常に重要なサンプルを提起されたと思います。

　当時、どういうところに焦点を当てながらこの問題を考えて取り組まれていたのでしょうか。

上原　まず、有事法制3法の法案(武力攻撃事態対処法、安全保障会議設置一部改正法、自衛隊法等一部改正法)が出た時に、法案について非常に危険を感じたので、全国市長会の説明会に行ったんですね。そうすると、これは戦争のための法律で大変怖いものだということで、憲法学者の山内敏弘先生(当時一橋大学教授)に来ていただいて、勉強会をしてもらったんです。山内先生を中心に有事関連3法案の分析をして、政府に対し44項目の質問書を出し、3度ほど政府とやり取りを繰り返しました。その結果として有事法制について、地方自治の侵害、基本的人権の侵害、それから国民総動員法につながるということの3点の理由から私は反対であると政府に対して意見書を出したんです。

　国民保護法は国民総動員法につながるんじゃないかということと、国民保護法というのは、自治体が国民保護法に基づいて計画をつくって自治体がやらなければならないことが山ほど書いてある法律で、これでは自治体の戦争協力法になると感じました。私は戦争に協力する自治体の長とはなりたくないものですから、国民保護法に法律上の穴はないものかと1年ほど学習会をやりました。見れば見るほど国民保護法というのはとても危ない法律だとわかったんです。それで『国民保護計画が発動される日』という本を書いたのです。

　一番問題だったのは、2004年、戦争関連法が全部整ってしまって、日本は、憲法上は戦争ができないけれど、法律上は戦争ができる体制が整ってしまったんですが、それでも有事でなければ、法律は動かないんですね。ところが、国民保

護法だけは、平時でも動く法律だったんです。しかも、国民を保護するという名目で、組織化して国の管理下に置いて協力をするものをつくって行く土台になるということがだんだんわかってきまして、これは大変な問題だということで反対しました。

前田 憲法違反の戦争法に国民総動員法が加わったわけですね。

上原 有事関連3法案に対する44項目の質問書のなかに、戦争法をつくるのであれば、国際人道法であるジュネーヴ諸条約の追加議定書に日本は批准するつもりはあるのかということと、追加議定書のなかに「無防備地域宣言」という項目があるけれども、地方自治体が「無防備地域宣言」をしたらどうなるか、という質問も入れていたのです。

　戦争法ができて国が戦争への道を開いたのであれば、自治体として何ができるか。首長は法に支配されますから、法に基づく地域ルールをつくって戦争非協力の自治体ができないだろうか、というのが頭の中にあったんです。国際人道法である追加議定書を国が批准すれば、国はそれを遵守しなければならない立場にありますから、そのなかにある「無防備地域宣言」を地方自治体が自らやることによって、それを日常的には条例化することによって、いざという時に戦争に協力しない自治体があってもいいんじゃないかと想定していたんです。その後2004年に国が批准したので、私は飛びついた、ということになります。

前田 無防備地域宣言運動を最初に提言された平和ジャーナリストの林茂夫『戦争不参加宣言』（日本評論社、1989年）は読まれましたか。

上原 取り組み始めた時は読んでいませんでした。当初は、防災時の広域避難所が有事になると自衛隊や軍隊が優先的に占領して行く場所になり、市民の避難所がなくなるのではないか。それでは、自治体は市民の救済なんてできないという危惧から、広域避難所を全部、赤十字のマークをつけてそこを市民の避難所にすればいいのではないか。では、条例化して日常的にその場所を指定してしまおうという単純な発想だったのです。有事法制の議論中にジュネーヴ条約の話が出て、その勉強を始めて林茂夫さんのことを知ったのですが、本が絶版になっていたと思いますが、図書館から取り寄せて読みました。この本に出会って私の思いつきは間違いではない、有効なんだと思いました。

無防備地域宣言とは

前田 ジュネーヴ諸条約には、自治体でも無防備地域宣言ができる条文が入っ

ていて、林茂夫というジャーナリスト・平和運動家が、これは自治体でもできるということで条例制定運動を提案しました。憲法9条で日本には軍隊はないんだから、自治体にも当然軍隊はない。軍隊のない地域という無防備地域宣言をすれば、この地域は戦争の局外でいられる。自治体の首長ももちろんのこと、住民も「私たちは戦争に協力したくない」という意思表示として無防備地域宣言運動を日本の国内運動として展開できないかという問題提起です。

　80年代からすでにそういう問題提起があったわけですが、当時は日本政府がジュネーヴ諸条約追加議定書を批准していなかったので使えなかった。しかし、2004年、有事立法ができた段階で、大阪の市民たちがこれは取り組むべきではないか、ぜひやりたい、ということで動き始めました。私も大阪市民に呼ばれて講演した時に、「本当にできるのか」と質問されて、「理論的には全部できる」という話をしました。そういう運動が地域で確実に広がっています。上原さんは国立市の動きだけではなく、各地の無防備平和条例制定運動の現場に駆けつけて、激励の講演を続けてこられましたね。

上原　国立市だけ無防備になればいいというものではありませんから。全国各地に無防備地域をどんどんつくることが、平和意識を全体的に活性化させ、実質的に憲法9条を生かした「非戦の地域」ができることになります。全国に広めたいですね。

前田　作家の井上ひさしさん（1934〜2010年）も『毎日新聞』（2008年2月4日）のインタヴューで、「9条を守れ」と言うだけでは何も前に進まない、一歩でも前に進むためには「9条を守れ」とともに無防備地域宣言運動を展開することが重要だ。これからは前に出る運動をしなければならないと述べています。ジャーナリストの斎藤貴男さんも非常に早い段階から無防備地域宣言運動に注目して、さまざまに協力されていて、支持層は広がっていますね。

　ところで、日本政府が追加議定書を批准したのは、有事関連法案の作成と引き換えだったと言われていますが、その辺りはいかがでしょうか。

上原　昔の戦争で死ぬのは軍人だけだったのに、近代戦争になるにつけ大量破壊兵器が開発され、それに従って巻き込まれて死ぬ市民の数が増えてきました。そのため民間人の犠牲をできるだけなくすためにジュネーヴ諸条約追加議定書ができたんです。けれど、もともと日本は9条があるために戦争を前提とした国づくりはやっていないはずなんですよ。だから、ジュネーヴ諸条約追加議定書を批准していなかったんです。戦争はないということが前提だったんです。ここはとても重要だと思います。

有事法制を中心になって策定した官僚が言っていましたが、ジュネーヴ諸条約については、前提として9条があるから戦争をしないということだったので、あまり研究していなかったと。でも、戦争法をつくったために、できるだけ国民を巻き込まないために、ジュネーヴ諸条約追加議定書を批准せざるを得ない。そこで、私は「戦争法をつくるつもりであれば、当然のごとくジュネーヴ諸条約追加議定書も批准するんでしょうね」と44項目のなかで質問しましたら、「検討します」って返ってきたんです。
前田　ちゃんと「検討」したのでしょうか。
上原　ジュネーヴ諸条約追加議定書の一番の基本原則は、軍人とそれ以外の普通の市民との分離、軍人と軍事施設以外は攻撃してはいけないというのが原則です。だから軍人は一般市民と一緒にいてはいけないのです。ところが、あまり研究していなかった政府は、自衛隊を国民に認めてもらいたいがゆえに、国民保護法のなかに自衛隊が住民を誘導していいという大変な誤りを挿入したわけです。そこも運動で突いて行くべきと思います。
前田　当初は目玉商品みたいに言っていたのに、政府も自治体も最近は隠している有様です。
上原　無防備地域宣言では、まさに軍民分離原則に従って、一定地域から軍隊や軍事施設を撤去するなど4条件を満たせば、ここは無防備地域ですという宣言ができるのです。無防備地域に対しては攻撃する理由がありませんし、国際法上も攻撃が禁止されています。攻撃すれば戦争犯罪になります。国民保護法は国際法上の軍民分離原則に違反する1項目を入れているので、無防備地域宣言こそ優先されるべきです。

無防備条例制定が持つ希望

前田　国立では2006年4月から5月にかけて、無防備地域宣言の条例制定の署名運動が取り組まれ、6月の議会にそれが提出されました。国立市議会の議論の経緯は後に『無防備平和条例は可能だ』(耕文社、2007年)という1冊の本にまとめられています。条例制定運動は各地でやったんですけれども、どの自治体でも否決されていますが、国立市議会では最も充実した議論が行われたのではないかと、みなそのように見ているんですね。何よりも上原さんが賛成意見書を出されたわけですし、議員や職員のなかにも勉強されて頑張った方もたくさんいらして、充実した中身になりました。平和の問題もそうですが、地方自治という観点からも

非常に鋭い議論のやり取りもあったと思うのですけれど、議会の審議をお聞きになってどうでしたか。

上原 議会では20代から70代の条例請求者5人の方がそれぞれ意見陳述をされましたが、「文教都市くにたち」にふさわしい素晴らしい感動的なものでした。賛成の議員の質問も充分に答弁側の意見を引き出すような優れたものでした。驚いたのは、当初、答弁しなければいけない職員は、「国際法は難しくて答弁できない」と言っていました。「私が全て答弁するから心配しないで」と言っていたくらいだったのですが、実際議会になると実によく勉強していて、よく答弁していました。これは有事関連法制に対する44項目の質問書のやり取りからかかわっていたことが大きかったと思います。市民、議員、職員がお互いに自治体での可能性を探って勉強した成果でした。

　ぜひこの運動は、成長させていきたいですね。これまで、27自治体で直接請求運動が行われました(2009年4月段階。2010年11月段階で32自治体)。議会では全部否決なんですけれども。今度、東京都立川市と大阪府吹田市で行われます。国際人道法という国際法に基づいて、地方自治体で住民が立ち上がって、このまちは戦争非協力の自治体にするんだと決意をすれば、そういう自治体が日本に一つでも二つでもできれば、実質的に憲法9条を守る自治体が点々とできて行って、国が戦争をしようと思ってもできない状況ができる。単に戦争反対とか平和を守ろうと言うだけでは、なかなか私たちは実感を持てないんですが、自治体の「地方自治力」を使って市民がそういう動きをつくれば可能性が出てくるという極めて優れた運動です。また、住民が条例制定を請求する権利というのは、法的に請求権が認められています。直接請求は有権者でなければならない。有権者しか署名できないし、有権者の50分の1以上を集めないと請求権が発生しませんから極めてハードルが高い署名活動です。提出された署名は選挙管理委員会が全部チェックして公開します。無記名投票の選挙と違って、記名投票なんです。だから市民の自治力と言いますか、市民の権利を最も強く使った運動です。さらにあと1年ぐらいで憲法改正に向けて国民投票法が発動してしまいますが(2010年5月18日に施行)、この運動が広がれば国民投票がやりづらいということで、とても重要なものなんです。いま27の自治体で法定数の50分の1をはるかに上回る署名数を集めています。国立では署名数が決定数の3.7倍集まっています。

前田 大阪市民が無防備運動を始めた頃は、日本政府は「そもそも自治体はそんなことはできないんだ」と言ってまして、ジュネーヴ諸条約追加議定書の条文解釈として「自治体にはできない」と主張しています。私は「できる」と主張しました

が、日本政府から全く相手にされませんでした(笑)。けれども、調べてみると、赤十字国際委員会が発行した条約註釈書のなかで私と同じことを言っていました。すぐに翻訳・紹介しました。

　憲法論としても、憲法学者の澤野義一さん(大阪経済法科大学教授)が、日本国憲法と条約(国際法)と地方自治法を組み立てて、可能であるということを理論的に論証したのですが、それでもなかなか通用しない。しかし、上原さんと国立の議員さんたちの議論で、それがほとんど全て見事にきれいな形で出てくるんですね。反対意見と賛成意見のやり取りのなかで、鮮やかに浮き上がってくる。「できる」ということが確かになった。その議論が記録に残され、出版物となったことで、この運動の枠組みの有効性が再確認されたと思います。

上原　私は、これが国際法にのっとった運動であることと、重要な市民の権利を使ってやれる条例づくりであることと、そのことが全国に広がることによって憲法改正の動きに歯止めがかかるということで、国立市で条例制定請求が起きた時に賛成意見書を書いたわけです。各地の議会審議のなかで、誰かがマニュアルを書いたと思うんですが、もう反対する側の質問することが決まっているんですよ。当局の回答も決まっていたんです。「法的にこの条例はできない、空しい運動だ」ということを向こうは一所懸命言っているわけです。

　ですから私は、この運動は有効であることを全国に伝えたかったんです。議会のやりとりのなかで、この条例は非常に有効性の高い条例で、法的に可能である、それを議事録に残し、全国に広げていただきたいということで、議員さんたちと勉強しまして、レベルの高い議会のやり取りをしたんですね。これはまさに、地方自治のなかで主権を発揮できる運動です。そういう意味では、希望の持てる運動だと思っています。

前田　各地の運動がつながって、無防備地域宣言運動全国ネットワークができていまして、上原さんは共同代表として活躍されています。

上原　無防備と言うと、一部の地域のエゴだなどという頓珍漢な批判がありますが、全国どこでも、みんな無防備地域宣言をめざせばいいのです。基地のある町でも、宇治市や札幌市のように挑戦しています。

国民保護計画は住民を守らない

前田　今回の朝鮮民主主義人民共和国をめぐり日本政府と自治体のなかで行われた事態、これがまさに国民保護計画と絡んで動いていたと思うんですが、その

辺りのことはどういうふうにご覧になっていましたか。

上原 あの時は、さすがに政府は有事法を発動できませんでしたから、国民保護法に基づく自治体への命令は来ていなかったのですが、これが有事と認定されていたら国民保護法に従い、全国に警告のサイレンが鳴り、避難誘導に取り掛からなければいけなかったでしょうね。国立市は、国民保護法は国民総動員につながるし、あれでは住民を助けることなどできない荒唐無稽の計画だとして、国民保護計画はつくっていないんです。全国で沖縄4自治体と合計7自治体がつくっていません。先ほどの住基ネットに関する法改正で国民保護計画をつくらなくてはいけない状況に追い込もうとするのではと懸念しています。結局、国民保護法で自治体をまきこみながら、みんなが危ない状況が常にあるから、みんな戦争準備をしなきゃいけないよっていうのを自治体レベルからやらせようしている気がします。

前田 自治体は、法律上、「拒否」できないのですね。

上原 これからの闘いでしょうね。私は、突破口はあると思っています。実質、協力をしないというルールをつくって、無防備地域宣言のための4条件を整備するわけです。これを使って、自分の所は軍事施設はいらないという運動をすればいいんです。この前の北朝鮮の「ミサイル」発射後、日本政府がミサイル防衛のためということで地対空ミサイルを配備したというニュースがあったでしょ。どこに落ちるかわからないミサイルのために、しかもほとんど役に立たない無駄なミサイル防衛をやろうとしているわけです。そしてそういう基地のあるところは戦争となれば狙われるわけです。だから、自分は被害者になりたくないから軍事施設はいらないという運動をやればいいんです。ジュネーヴ諸条約第一追加議定書は、軍事施設と民間施設が同居してはいけないというのを原則にしているからこれを使えばいいんです。

前田 市民の側から問題提起をして問い直して行くための手がかりは、本当はいくつもあるはずですよね。

上原 そうです。そのほかに危ない動きとしては、ソマリア海賊対処法があります。私はいままで、国民保護法というのは、邪魔する人を非国民として抑えながら、組織化をいかにしようかということにあると思っていたんですが、「警察の大衆化／大衆の警察化」と言って、できるだけ国民に警察の役割をさせてみんなを管理して行くという方法が色々出てきている。今度の海賊対処法は、もう一つ進んで「自衛隊の警察化」です。要するに、自衛隊が警察の役割までして行く、警察と自衛隊という言葉を混同させながら、国民保護計画では自衛隊は国民を守

る立場にないんですけれども、それをもっと実質化して行く動きがどんどんできて行くような気がします。

前田 ジャーナリストの斎藤貴男さんがずっと問題提起してきた監視国家、監視社会の具体化ですね。

上原 自治体のなかで、日常生活のなかで監視社会を具体化して行こうというのが、安全安心条例です。安全安心条例というと千代田区の「たばこポイ捨て条例」を思い出しますけれども、ポイ捨てという単純な話ではなくて、市民のなかで監視する側、監視される側をどうつくって分断しながら組織化して、国民保護法に基づく組織化をしようか、という目論見だったわけです。東京都がついこの間全面改正しまして、対象をどんどん拡大して、繁華街に来る来訪者にまで自己責任とマナーの義務化をしています。結局これは、言論表現の自由まで拘束しかねないものですし、その監視を住民にまで課している、大変危険な監視社会づくりの条例です。議会が非常に鈍感であるために、そういう怖いものがどんどんできているんですね。自治体のなかで危ない方向の条例が、日常のなかでみなさんの安全の暮らしのためですよと言いつつ、有事法制につながるような組織化も含めて全部つながっていることを、私たちが敏感にわかって、ものを言う人間であり続けること、非国民にされない、非国民をつくらないということを本当に意識的にやらないといけないと、最近は強く感じています。

跳ね返す学習を

前田 非国民にされない、非国民をつくらないためにどういうふうに戦略的に発言して行ったらいいのか、最後に、そのための示唆をお願いします。

上原 私がいま一番怖いと思っているのは、日常的な市民自身の自粛なんですよ。戦争法を一方でつくりながら、日常的なところで非国民状況が浸透して行くのです。それが安全安心条例につながるんです。国立市の隣の立川市の自衛隊官舎にイラク戦争反対のチラシをまいた青年たちが逮捕されましたね。建造物侵入罪などという口実で有罪にされてしまいました。そうするとチラシを入れることすら躊躇する人たちが増えてくるようになるとか、集会で右翼が押し掛けて来るかもしれないと言って自治体が公共施設を貸さないとか、そういう日常的な自粛のなかで、自分が巻き込まれて行って、危ないことはやめようということが一番怖い。ですから、言論の自由、集会の自由は憲法97条の基本的人権のところで、永久不可侵のものとして、みなさんが持っている権利だとして自粛をしないこと

が大切です。

　フランク・パブロフ『茶色の朝』(大月書店、2003年)という本では、これは日常の暮らしのなかでみんなが自粛して、監視する側になって行って、民衆が民衆を非国民にして行く状況が実によく書いてある。「茶色」はナチスのイメージ・カラーです。これはナチスの台頭は民主的な手続きをとりながら、結局国民が巻き込まれながらナチスの台頭を許した、むしろ積極的に監視する組織をつくりながら非国民をつくり排除して行った経験を、寓話として書いたものです。

　日常のなかで、安全・安心なんて一番怖いんです。至る所で使われている安全安心に反するようなことがあったら許さないという国民感情をつくられようとしていますから、それを跳ね返して行く訓練をして行くことが、一つはやはり学習だと思う。学習したことを日常のなかに活かして行くことが一番大事です。安全パトロールって、子どもたちを地域で守ることはいいことだと思われてきたわけです。でも、それを上手に使われて、民衆の警察化をやっている。一昨年(2007年)、東京都は、交番を縮小して行く政策を出して、121カ所の交番が廃止されたんです。「代わりにみなさん安全パトロールをやっていいですよ」と。民衆の警察化が始まっていますよ、すでに。いいことだと思っている人たちが、どんどん組織化されて、国民保護計画の一部にされて行っている。こういうところから考え直さないといけないと思います。そして、何よりも口をつぐまないこと。憲法に保障された権利は明確に主張し続けること。それが、非国民をつくらない最良の道だと思います。

第 2 部

差別と闘う

凌辱されるいのち
——沖縄・尊厳の回復へ

閉塞状態のいらだち

前田 2009年夏の選挙で民主党政権——民主・社民・国民新党となっていますが、基本的に民主党政権ができて、政治が変わり始めました。大いに期待している人もいれば、あまり変わらないのではないかと期待していない人もいます(笑)。いろんな議論がありますが、民主党政権ができたことが、沖縄にとって、特に沖縄の基地問題にとって、大きな影響を及ぼして行くと思います。その辺りをどのようにご覧になっているのか、お願いします。

安里 沖縄の状況、特に衆議院選挙前後のことを聞かれたわけですけれども、それまで沖縄の基地問題というのは非常に閉塞状態になっていました。特に辺野古の問題ですね。もう何年になるんでしょうか、座り込みをして4～5年になります。これだけ反対闘争をしても、日本政府もアメリカ政府も沖縄の声を聞こうとしない。それ以前にも県民投票や名護市民投票で、はっきりと「基地はいらない」という表明をしたにもかかわらずです。それは民主主義の、ある意味では市民にとっての最高の方法であったはずなんですね。市民投票で、全ての人が意志を表明してきました。それさえも無視されてしまった状況がずっと沖縄では続いています。

座り込みはいまも続けているけれど、仕事や生活を抱えていて、毎日のように辺野古に通うことはできませ

安里英子さん
[あさと・えいこ]

那覇市首里生まれ。沖縄大学・珊瑚舎スコーレ非常勤講師。1998年第2回女性文化賞(高良留美子創設)受賞。著書として『揺れる聖域』(沖縄タイムス社、1991年)、『琉球弧の精神世界』(御茶ノ水書房、1999年)、『ハベルの詩』(御茶ノ水書房、2001年)、『沖縄・共同体の夢』(榕樹書林、2002年)、『陵辱されるいのち』(御茶ノ水書房、2008年)がある。

ん。それに全てを賭けて、毎日座り込み闘争に参加している仲間たちがいますので、自分は行けないと、辛い思いをします。同じ沖縄のなかでも、行きたいのに行けないというふうに、いろんな立場があります。沖縄には鉄道がありませんから、バスを頼る。あるいは自分の車ということになるんですが、バスで行くとほぼ半日かかってしまう。東京の電車だと30分もかからないような距離ですが、バスを乗り継いで行くと何千円もかかってしまいます。私は車を運転できませんから誰かの車に便乗させてもらうんですが、お互いのタイミングを合わせるのが大変です。いまは「沖縄から軍事基地をなくし世界の平和を求める市民連絡会」──個別の33以上の団体が連合──からスケジュール表が送られてきて、一緒に行ける人はそれに便乗して行きましょうということになっています。

1996年、日米特別行動委員会(SACO)で普天間基地の閉鎖が発表されて以来ずっとこの問題を引きずっているのです。

前田 思いもよらない長さになってしまった。

安里 基地問題はずっと続いてきていますが、特に辺野古に新しい基地を建設させないことに運動は集中してきたわけです。

基地があることによって、いろんな自治問題、私たちの心の問題、自治の破壊、経済の破壊が起こっています。基地をつくるために、2007年の米軍再編特措法によって、出来高払いで補助金を出すことになりました。ちょっと政府の言うことを聞けば、お金を出しましょう。聞かなければ、お金はストップしますということで、岩国も座間も、市民運動が次々と破壊されて行く。市長選でその結果が曲げられることになっているわけです。沖縄の場合も補助金だらけで、ものすごい補助金が下りています。例えば、名護地域には北部振興資金、これは10年間で1千億円が出るのですが、それ以外でも島田懇談会があります。「沖縄米軍基地所在市町村に関する懇談会」というのが正式名称で、慶応大学の島田晴雄氏が中心です。2009年に終了しましたが、地域の隅々にまで入りこんで「お金はいらないかね」という感じでお金を押しつけて、公民館をつくらせたり箱モノをつくらせたりして押しつけているわけです。それから、基地周辺整備法のもとで、基地をつくらせるために経済とリンクさせている。

前田 お金だけはどこかに落ちてくる。

安里 でも、これだけお金が落ちているのに私たちの生活はちっともよくならない。さっき言った交通機関、交通の整備もなされていない。最近は沖縄の零細なバス会社が立ち行かなくなって、鹿児島のバス会社の資本が入って統合されるそうです。タクシー会社も、沖縄は観光でクローズアップされてたくさんの観光

客がいらっしゃいますが、パック旅行であるとか、パックでレンタカーを安く借りられるということで、沖縄のタクシーを利用しなくなったんです。タクシー運転手さんの仕事が減っています。観光客がたくさん来るのに、パック旅行だから本土資本にお金が落ちる。お金はUターンして持って行かれるという状況が続いている。どんなにいろんな資金が投入されても、私たちの暮らしはよくならない。一見派手に見えますよ。いろんなところで建築ラッシュが起きている。一見そう見えるんですが、私たちの暮らし自体には恩恵がない。

前田 お金はごく一握りの業者が溜め込んだり、本土の業者に回収されてしまいますよね。

安里 だから、よくならない、豊かにならない仕組みになっているわけです。そういうなかで、いらだちと不安と怒りのようなものが渦巻いているのです。

新政権への期待と市民が行動する必要

前田 そうした状況に変化の兆しはあるでしょうか。

安里 今回、民主党政権に代わったのですが、私自身は非常におもしろい動きだなと思っています。おもしろいどころか、やはり期待しなければいけない。やってもらわなければ困ります。ニュースが非常におもしろくなったこともあって、いまアメリカや国連での総理大臣や外務大臣の発言とか、特に沖縄の基地問題なんですが、変化の「兆し」だけはあります。

ですから、基地問題に関して、この先どうなるのかは私たちにかかっていると思います。誰かに預けたままで何かが変わるとは、私は思っていません。2009年の衆議院選挙の前に、実は沖縄のなかでは色々な動きがありました。民主党が政策を発表する前にはいろんな議論があったわけですが、最初、辺野古の問題をとり入れるということがありました。沖縄の市民運動も期待したわけです。発表される前に、ぜひやってもらわなければ困るということで、私たち市民連絡会は民主党沖縄県連を訪ねて、要請文を出しました。

まず、辺野古の問題をとりあげてほしい。県内に新しい基地をつくらせないという確約をしてほしい。そういう動きをつくってほしいという要請を出しました。その要請に関しては、民主党沖縄県連は、考え方は同じであるということで、むしろ「これからは一緒になってやりましょう」と言っています。というのは、民主党も沖縄の民主党と中央の民主党があるわけです。私は詳しい内部事情はわかりませんが、沖縄と中央との間には色々なズレがあるわけです。

沖縄県連委員長は喜納昌吉さんです。彼は議員になる前は一緒に市民運動をしてきた仲間ですので、率直に意見を聞くことができる。議員になってからはプライベートなお喋りはしていなくて、ちょっと疎遠になっているのですが、少なくとも沖縄民主党は沖縄に基地をつくらせない、辺野古にはつくらせないということではっきりしています。そのことを中央でもきっちりとやってもらうためには沖縄の市民運動が逆に要請するなり、それはある意味ではお互いの協力関係が重要になります。沖縄民主党側からすれば一緒にやりたいので、むしろ「どんどん(市民の側から)声を上げてほしい」と、そしてその声を持って自分たちは東京に訴える、と言われました。
　2009年の衆院選で当選した民主党議員たちははっきりと「辺野古に基地はつくらせない」と言っています。他方、連立与党の国民新党の下地幹郎氏の場合は、辺野古にはこだわらない。だけれども沖縄県内につくる可能性はありうる。つくってもよいということを言っている。その辺がちょっと危ういです。彼は自衛隊誘致派でもあるんです。宮古島の下地島パイロット訓練所に誘致しようとした人物ですので、私は要注意人物としてマークしているんです。
　あとは今回、民主党政権をつくるにあたって連合しているわけですが、辺野古の問題にきっちり取り組むということを条件として一緒にやっていると思います(2010年5月、この問題の対立から社会民主党が政権から離脱した)。そういう意味では周りのチェックがあるということですね。単に民主党に預けるのではなくて、このチャンス、こういう機運のなか、何ができるのか、徹底的に追求しなければなりません。最悪の自民党政権がひっくり返ったわけですから、大変な出来事だと思います。私は実はこれまで日本はだめだと非常に失望し、期待できないと絶望していたんですが、もしかしたら行けるのかなという期待もやはりあります。それは、単に期待するのではなく、私たちが行動しなければいけないということです。

前田　ありがとうございました。どの分野でも、みんな期待をしているわけです。例えば警察取調べの可視化を求めてきた人たちはいまこそ最大のチャンスだということがあります。死刑廃止運動にとっても、この間の死刑急増という大きな逆風がなんとかおさまるのではないか(しかし、2010年7月、千葉景子法務大臣は死刑執行命令にサインした)。どうしたら次の一歩に出ることができるか。あるいは日本の戦争責任をめぐる問題、特に「従軍慰安婦」問題をはじめとしてさまざまな問題の解決に向かって一歩踏み出せるのではないか。いろんな分野の人たちが一所懸命、民主党に要請をしています。もちろん一方で、そんなに変わらない

のではないか。特に日米安保という縛りがある基地問題が一番難しいところでもあるので、そこをどう動かして行くのか。いま安里さんがおっしゃったように、市民が民主党にどう声を伝えて、どう動かして行くのか。これからが正念場だと思います。

原点としての「由美子ちゃん事件」

前田 さて次に、安里さんの「原点」についてお伺いしたいと思います。いろんな原点があると思いますし、個人としてもさまざまな体験があるかと思いますが、今回、安里さんにおいでいただいた一つのきっかけは、ご著書『凌辱されるいのち』です。この本を素材にしてお伺いしたいと思ってお願いしました。いわば安里さんの原点をいろんな形で書かれている本でして、一つは1955年——いわゆる「由美子ちゃん事件」と呼ばれる、米軍兵士による沖縄の少女に対するレイプと殺人の事件。それをめぐってさまざまな運動のなかで、当時の沖縄の若者たちがどのような活動をしていたか、どのような文章を書いていたかがこの本の導入部分になっています。

安里 確かに「原点」はたくさんありまして、その時期その時期の原点とか生き方というのはありますけれども、この本のタイトルを考える、本をつくるきっかけというのは、やはり先ほどのような沖縄のいらだちがあるわけですね。

　私は高校生の頃から「復帰少女」でした。その後、復帰少女ではなくなりましたけれども、沖縄の日本本土復帰を求めるデモ行進に参加するような少女期を過ごしました。やはり大人になって、私は戦後3年（1948〔昭和23〕年）の生まれで、——東京オリンピックの年が高校1年生です。私もそのなかにいた時代の沖縄の若者の意識を改めて振り返り、私たちが何と闘い、いかに切り結んでいたのかを読み解きたいと思いました。

前田 沖縄の苦悩を読み解く作業のなかで、ご自分の闘いとして「由美子ちゃん事件」に再遭遇された。

安里 1955年の「由美子ちゃん事件」は、まだ私は小学校低学年か幼稚園くらいの歳なんです。だから、その時はあまり意識していないです。周辺のざわめきは聞いていたでしょうが、意識のなかにはなかった。大人になって、そういうことがあったんだということに気づくわけですけれども、そういうことがあったというふうな、戦後史の1ページとしてくらいに受け止めていた。しかし、ある時に「ちょっと待って」と思いました。

安里英子

もう少し事件について詳しく言いますと、6歳の少女が夕方、あの頃の住まいは小さな掘立小屋ですから、子どもたちは日が暮れるまで外で遊んでいた。するとある米兵が少女に声をかけるわけですね。そのまま車に乗せられて、消えていきました。後に、現在の嘉手納基地に近いゴミ捨て場で遺体となって発見された。レイプされて、そのまま息絶えたということです。その事件は沖縄中に衝撃を与えました。もちろん毎日のように米兵によるレイプ事件は起きています。でも、6歳の少女がレイプされただけでなく、惨殺されてむごたらしい姿で発見されたということで、新聞でも書きたてられるし、それまでの土地闘争とは違う意味での、子どもたちを守ろうという「島ぐるみ闘争」がここで始まります。そういう象徴的な位置にある事件だったんです。

　私が突き詰めて考えるようになったのは、大人になって、それもごく最近のことです。「由美子ちゃん、6歳。1955年の事件——もし生きていたらどうなんだろう。私とあまり年が変わらないじゃないか」と気がついてハッとしたんです。記録として残っている「由美子ちゃん事件」が生々しく私のなかで立ち上がってきたわけです。知識ではわかっていたことが、別の様相で迫ってきました。そういうことがあるのと、私たちの目の前で毎年のように事件が起きている。1995年の3人の米兵によるレイプ事件もそうですが、8万人の抗議集会があったにもかかわらず、その後もレイプ事件が起こり続ける。私たち女性グループはレイプ事件が起こる度に抗議文や要請文を書くわけです。緊急に集まって、女性たちが草案をつくってみんなで諮って、印刷して配るとか要請文を書くとか、外務省や米軍司令部に送ったりというようなことをしょっちゅう繰り返しています。そうこうしているうちに、私自身、ものを書いている人間ですから、由美子ちゃんのことをもっともっと書かなければいけないという使命感のようなものを感じたのです。

前田　調査結果をまとめたものの、結局、この本には収録できず、公表されなかったことも多いのですね。

安里　関係者がいまも生きていて、公表されることを望んでいないのです。

前田　『凌辱されるいのち』のはしがきで、次のように書かれています。「私は、怒りの心でこの本を書いた。しかし、第1章の『由美子ちゃん事件』については、これまで新聞紙上等で知られている以上のことについては何も書いてはいけない。書けなかった。いったん書き始めると、書くことが目的化してしまうことがある。これまで人に知られていないこと、新しい事実を書くことは書き手によって心地よいことである。例えば、その後の被害者の家族のこととか、どうしても

気になってしまう。でも、これは、書き手の欲望に過ぎないことにすぐに気づかされてしまう。女子中学生レイプ事件の時にも週刊誌が執拗にその家族や友人たちにつきまとい活字にした。そのことがどれだけ被害者とその家族を苦しめ、恐怖に陥れたことか」。
安里 関係者の苦悩を思えば、私の使命感だけで公表することはできません。

「基地の街」コザで知る、連綿と続く性暴力

前田 ご著書のなかでは、当時の沖縄の青年がどのように受け止めたかを通じて、事件が持つ意味を問い直そうとされています。幸喜良秀(こうきりょうしゅう)の詩「由美子ちゃんの死」が引用されています。冒頭部分は次のようなものです。

　　西海岸の近くの砕石場に
　　ねばい血漿。
　　その血だまりに処女を奪われた
　　少女の死。
　　由美子ちゃんが死んだ
　　一九五五年九月三日
　　(由美子ちゃんは
　　一昨日の夕暮れ
　　市のエイサー大会に行つたま丶
　　帰らなかつた)。

安里 幸喜良秀は当時、コザ高校2年生で、後に演劇集団「創造」の創設者の一人となります。この詩はコザ高校文芸誌『緑丘』(1956年5月)に掲載されたものです。
前田 当時のコザの状況というのは、本土の人間には、当時もいまもなかなかイメージできないと思います。
安里 幸喜良秀が、半世紀後に、こう語っています。「あの少年期に見た、僕たちの生活環境というのは、恥ずかしいですよ。許せないくらい恥ずかしいですよ。そして、いつ誰が、被害者になるか、そこに巻き込まれるかわからんというなかで生活していた。友人や知人、隣人たちが犯され、殺される事件が、特に中学、高校の頃、頻繁にあったねぇ……」。これは沖縄で発行されている季刊誌『けーし風』40号(2003年9月)に掲載された対談からのごく一部抜粋です。

「基地の街」と呼ばれたコザは、「Aサインバー」という言葉でも知られます。地域が丸ごと基地に強制収用されたようなものですから、人々は行き場がない。暮らすにも仕事もない。米兵相手に働くしかなくなります。メイド、テーラー、バーバーショップ、そしてAサインバーです。Aサインバーというのは米軍お墨付きのバーです。街は「黒人街」「白人街」に別れ、昼となく夜となく暴力事件が起きていました。幸喜良秀はコザの高校生でした。由美子ちゃん事件は、コザから近い石川市で起きています。

前田　コザの戦後史と現在とを突き合わせながら、コザの現地に立たれた。

安里　由美子ちゃん事件と、1995年の少女暴行事件とが、まっすぐにつながって見えてきたからです。

前田　占領下でも復帰後でも、状況にそう大きな違いがあるわけではない。

安里　いつも同じだったという具合に、それぞれの時期の違いを単純に無視してしまうと間違いでしょう。けれども、それぞれの時期に、どのような状況があり、そこでいかなる暴力が発動されたのか。女性や少女たちがどのような被害を受ける危険性があったのか。青年たちがそうした状況をどのように受け止めていたのかは、一つひとつていねいに読み解いて行く必要があります。そのうえで、なおかつ、被害の状況には変わりがない、と言わざるを得ないところが残っているのです。

前田　中屋幸吉の詩「名前よ立って歩け」も紹介されています。

安里　中屋幸吉は、1959年6月30日、石川市に米軍ジェット機が墜落した事件（死者17名、重軽傷者121名）で、小学校1年生の姪を失いました。「姪の死」という短編小説を書いています。

前田　姪の死の現場に立ったのですね。

安里　足も手もない遺体、焼け崩れた鼻、からっぽの臓腑を描写しています。中屋は、その後、学生運動に身を入れ、主席公選闘争で立法院議場を占拠して逮捕されています。主席というのは、1972年の沖縄返還以前の、琉球政府の行政の長のことです。いまなら県知事にあたります。琉球大学学生新聞で論陣を張っていました。ところが、姪の死から6年後、1966年6月、中屋は沖縄本島中部の知花城で自死を選びました。27歳でした。それから7年後に、友人たちの手によって遺稿集『名前よ立って歩け』（三一書房、1972年）が出版されました。短編「姪の死」も収録されています。

前田　1955年の由美子ちゃん事件と1995年の少女暴行事件。1959年の宮森小学校ジェット機墜落事件と2003年の沖縄国際大学米軍ヘリ墜落事件。本土の私

たちの知らない歴史、知ろうとしてこなかった歴史がある。

安里 沖縄で暮らす私たちにとっては、これらは別々の事件ではあり得ません。忘れたくても忘れられない。忘れようとしても強制的に想起させられる。常に甦ってくる記憶として、そこにあるのです。

前田 1955年が由美子ちゃん事件で、1995年がその次の段階でクローズアップされています。ちょうど40年という歳月です。その間ずっと事件は起きていて、「基地と軍隊を許さない行動する女たちの会」が沖縄戦後史をフォローして、さまざまな米軍兵士による犯罪、特に女性に対する性暴力犯罪を調査されてきています。その一部の資料が皆さんのお手元に一覧表としてあります。「沖縄米兵による女性への性犯罪」です。これは1945年、わずか1年間だけ抜粋したものですけれども、こういう形で当時の新聞記事などをずっと調査して研究され、しかも告発運動をされてきたわけです。

安里 これはごく一部にすぎませんが、それでも読み上げるだけで胃が痛くなります。暗澹たる気持ちになります。ここで読み上げることはしませんので、ぜひ目を通してください（次頁の表を参照）。

前田 たぶん、ずっと変わらないということがあると思うのですが、あえて1955年と1995年——その間に1972年という転換点があるわけですが——それぞれの時代によっての特徴というものはないでしょうか。むしろずっと一貫して同じというほうが正しいでしょうか。

安里 やはり1972年の沖縄復帰というのは大きいと思いますね。行政が日本に復帰したのですから。ただ逆に、はっきり言えることは、表に出てくる事件、事故、被害というのは氷山の一角です。レイプ事件というのは訴えなければ表に出てこないことです。大体の場合泣き寝入りしているので、実態はわからないわけです。けれども、例えば1945年前後の話、あるいは朝鮮戦争、ベトナム戦争など、やはり節目節目に目立った事件が起こっていた。兵士たちが荒れていきますから。それと、朝鮮特需とかベトナム特需とか言われるように、町のなかで札束が舞っている時代がありましたから、そういう面では色々あると思います。事件、事故というのは増えていると思います。

立ち上がる被害者たちの国際的な連帯

前田 そうすると、事件を起こす米軍兵士にとっての時代状況、客観的状況の変化に規定されている面がある。

年代	月日	事　項	処罰の方法
1945	3.26	沖縄戦で米軍がはじめて慶良間諸島に上陸。	
	4.1	米軍、沖縄本島に上陸。その後、強姦が多発し、各地域で住民による自警団が結成される。	
	上陸間もないころ	(1)数人の米兵が二人の女性を集落から拉致してボートで連れだし、裏海岸で強姦したあと放置(慶良間諸島)。	容疑者不明
		(2)妻に暴行しようとした米兵に立ち向かった50歳過ぎの男性、射殺される(本部村)。	容疑者不明
		(3)避難民のなかから数人の女性が数人の米兵にら致される(本部村)。	容疑者不明
		(4)シビリアンと呼ばれていたアメリカ人に女性が乱暴される(本部村)。	容疑者不明
	4.11	米水兵、民家でレイプされ殺されている女性を目撃(名護町)。	不明
		米軍の野戦病院のテントでも、働く看護婦や女性の患者への強姦が発生。夜間見回りが行われる。	
	5〜6月ごろ	芋掘り帰りの住民の列から、17,8歳の女性3人が米兵に拉致され、2時間ほどたって、泣きながら帰ってくる。一人は翌年出産(宜野座村)。	容疑者不明
	6.5	米兵が赤ん坊を抱いた女性をレイプしようとしたが、人が来たおかげで助かる(本島北部)。	容疑者不明
	この月	数件のレイプの訴えに、米軍、捜査にのりだす。	詳細不明
	この月	南部で米軍に捕まった17、20、24歳の3人の元ジュリ(遊女)、米兵にレイプされる。	容疑者不明
	この月	6月30日までの米軍によるレイプ事件の検挙数12件前後。内5件前後は男性の被害者(グラフ表示からの概数確認)。	
	8月前	病気で野戦病院に入院している少女を、父親の前で米兵が強姦。父親は娘を連れて病院を出ていく。	逮捕されるが不明
	8.16	25歳の女性、義母と野菜を摘んでいたところ、3人の米兵に山中に連れ込まれ強姦される(玉城村)。	容疑者不明
	8.20	義母と食糧さがしのため海岸に出た19歳の女性、米兵につかまり強姦される。翌年4月、男児を出産(玉城村)。	容疑者不明
	8.21	友人二人と、子どもをおぶって薪取りに出かけた31歳の女性、米兵3人に拉致され、消息を絶つ(宜野座村)。	容疑者不明
	8月頃	勝山で3人の女性が2人の米海兵隊に強姦される。女性の一人は米兵の子を出産するが、子どもは夫に殺される(屋部村)(1998年に米兵のものと思われる骨が勝山の「クロンボー・ガマ」とよばれる洞窟から発見されたが、遺骨は3体あり、一人は誰の骨か不明といわれる)	加害者の2人は、住民に殺される
	9.8	子どもをおぶってヨモギを摘んでいた39歳の主婦、4人乗りの米兵のジープで拉致され、カーブで道端に放り出される。背中の子どもは死亡(羽地村)。	容疑者不明
	9.17	二人の米兵が女性をレイプ。別の米兵が来たので逃げ去る(伊江島)。	容疑者不明
	9.24	男性二人と石川の収容所に親戚を訪ねていく途中の19歳の女性、子どもをおぶったまま3人の米兵に拉致される。男性二人は米兵に銃をむけられ、抵抗不可能。母子は2年後に白骨死体でみつかった(石川市)。	容疑者不明
	10.24	46歳の女性、道路で米兵二人に襲われそうになり、崖下に飛び下りて大腿骨骨折。その後、追ってきた二人に強姦される(本部町)。	容疑者不明
	10.25	家屋を失って岩の下で居住していた35歳の女性、夜トイレからの帰りに米兵二人に強姦される。翌年8月、男児を出産(知念村)。	容疑者不明
	10.29	集団で芋堀りをしていた女性たちが米兵に襲われ、救助のためかけつけた警察官、米兵と格闘になり射殺される(玉城村)。	不明

80　第2部　差別と闘う

	11.29	少女を拉致した米兵を追跡した警官、射殺される。	容疑者不明
この年	(1)	元日本軍慰安所の経営者が区長と相談し、米軍の許可を得てS屋慰安所を開設。女性5,6人に米兵が行列をつくる。数週間後にはなくなる(本部村仲宗根)。	
	(2)	宜野座米軍野戦病院に収容された重傷の女性を、MPが強姦するのを沖縄人労働者が目撃。	不明
	(3)	米兵に襲われた16、7歳の女性、全裸で放置されているところを、住民に発見される(勝連村)。	容疑者不明
	(4)	母親の目の前で、娘が米兵に拉致される。母親は大声で助けを求めながら米兵の手から娘を奪い返そうとしたが、足蹴にされ、娘は連れていかれる。その後不明(宜野座村)。	容疑者不明
1946	1.6	芋掘りをしていた29歳の女性、2人の米兵に強姦される(石川市)。	容疑者不明

※基地・軍隊を許さない行動する女たちの会編「沖縄・米兵による女性への性犯罪(第8版)」より抜粋。

安里 そうだと思います。他方、1995年の場合には、被害を受けた女の子が勇気を持って立ち上がる。性暴力被害者が被害を訴える。その困難性を乗り越えてあれだけの県民大会につなげていったと思うのです。

前田 1995年というのは、90年代になって「慰安婦」問題が浮上してくる。韓国や台湾から被害者が名乗り出て日本政府の責任を追及する。あるいは1992〜93年の旧ユーゴスラヴィアの「民族浄化」とか、1994年のルワンダのジェノサイドとか、悲惨な事件があります。そうしたさまざまな場所で被害女性が立ち上がり始めた、声を上げ始めた時期だったと思います。それが、世界の女性たちの運動につながっていったと思います。そのようななかに沖縄の告発は、あったのではないかと思うのですが、男性による性暴力、それを告発する女性の運動があり、そのなかで被害者が支えられて声を上げることができるようになってきた時期——そういう位置づけで見ることができるでしょうか。

安里 先ほどから言っているように、戦中・戦後にずっと起こり続けている問題ですね。ですから、なぜ1995年なのかということがあると思うのですけれども、その前に1972年に復帰があります。ある意味では情報も交通も行ったり来たり、人間の往来が自由になってきたのですね。復帰以前は沖縄から本土に行くのにパスポートが必要だった。それから沖縄の基地闘争もどちらかというと沖縄のなかで完結していました。もちろん色々な本土との連帯運動もありますよ。けれども、閉鎖的なんですね。そういうなかで、以前は沖縄のなかだけで起こっていた闘争が、復帰後は情報が開かれて、人間関係も開かれて行くということがあります。

　特に女性たちの場合は、ナイロビ女性会議のあった1985年、国際女性年ですね。そのくらいから沖縄の女性たちも参加するようになっています。そして沖縄に戻って報告する。さらに、1995年に北京女性会議がありました。全国から何

千人という方たちが行っていますが、沖縄からもたくさんの女性たちが参加しています。私は参加していませんが、その女性たちが非常に高い意識を持って北京女性会議に臨んでいるんです。というのも、絶え間ない女性被害に対して、要約すると次のようなことを言っていました。

「沖縄は確かにいま戦争状態ではない。戦争のなかにいるわけではない。けれども、長期に米軍基地が駐留している地域である。そのなかで起こっている米兵による事件、事故、特に女性に対するレイプに関しては、戦時中の犯罪と同様に裁くべきである」。

こういう訴えを北京でしています。「軍隊性暴力を裁く」という主張です。それからたくさんの被害者がいるわけですが、被害者に対する救済の問題、どのようにして救済の問題を取り上げて行くのか。あるいは心の問題をどのように解決して行くのかという具体的な問題を、北京女性会議で、女性たちは非常に高い水準の発言をしています。

この会議が終わって、女性たちが沖縄に戻ってくる直前に起こったのが、3人の米兵による少女暴行事件でした。彼女たちを、沖縄に残っている女性たち、私のように行けなかった女性たちが待ち構えている。お互いに情報を取り合って、戻ってきたら即行動がとれるような態勢をあの時はとっていたんですね。ですから、8万人もの県民大会ができたのは、女性たちの意識が高まっていたからです。帰ってくる時にはもう北京空港の辺りで沖縄から情報が届いていて、沖縄に戻ったらどのような行動を起こそうかという準備ができていたということがありました。

前田 ナイロビ女性会議が1985年に行われて、1993年にはウィーン世界人権会議が行われた。ここが一つの転換点というか、ウィーン世界人権会議を開く時に、国連事務局は「女性の権利」という項目を用意していなかった。後々大変有名になるのですが、いろんな人権問題を精査するべく人権のリストを掲げた。非常に網羅的に掲げているのに「女性の権利」が含まれてなかった。それに気がついた女性たちがウィーンに大挙して押しかけて、強力なロビー活動を展開した。結果として取り上げられたのが「女性の権利」と「女性に対する暴力」という項目です。その年の12月に国連総会で「女性に対する暴力撤廃宣言」が採択された。それから国連に「女性に対する暴力特別報告者」という新しい制度がつくられた。後にラディカ・クマラスワミさんというスリランカの弁護士が選ばれる。彼女が調査のために日本に来たのが1995年です。日本と韓国で調査をして、1996年に「慰安婦」問題報告書を出しています（クマラスワミ『女性に対する暴力』明石書店、2000年）。

いまから振り返ると見事に同時並行で進んでいたんだなと思います。その辺りはやはり沖縄の女性たちが、世界の動きや北京の動きを見ながら、沖縄のなかの動きをそこにつないでいったんですね。

安里 そういうことだと思います。1993年のウィーン世界人権会議にも確か「基地と軍隊を許さない行動する女たちの会」の高里鈴代さんがNGOの一員として参加していると思います。そういう意味で、沖縄だけの問題ではなくて、世界のなかでも女性の人権もまだ非常に低いレベルでした。国連でさえもそうでした。1993年からやっと正式にとりあげられるようになったのですから。そういう意味では沖縄だけが閉鎖社会ということではなくて、世界全体の動きのなかで沖縄の女性たちがそれに参加して、ともに問題意識を高めあっていったと思います。ですから、最初は沖縄の基地問題のなかで、私は主に環境問題にかかわっていたのですが、女性たちがレイプ事件の問題を前面に打ち出すようになると、一気に運動が進展しました。その頃、男性の活動家たちのなかには「レイプなんてものを基地問題の前で出さないでほしい」というような、まるで卑しいものというふうな感じで言う人もいて、ショックを受けたということも聞いています。

被害者の沈黙の意味を考える

前田 被害女性に沈黙を強いる社会。そういう圧力がずっとあったわけですが、それを乗り越えて被害女性たちが声を上げるようになってきた。それが90年代という時代だと思うのですが、いまの話ですと、保守的な男性たちが沈黙を強いるかと思うと、それだけではない。基地反対運動の現場にいる人たちも、違う形で問題に蓋をしようとしたのでしょうか。

安里 さすがにいまはそういうことはないと思いますが、ある時期、そういうことがあったと思います。しかしながら、1955年の由美子ちゃん事件というのは、それこそ男女関係なく、衝撃的な、沖縄で起こった問題として、全ての村々、それから教職員含めて、婦人会、婦人連合会が総立ちになって子どもたちを守るために米軍に抗議しています。ただやはり、本当の意味での沖縄のレイプの実態がよくわかってない。それがなぜなのかを考えないといけない。名乗り出ることができないのはどういうことなのか。

　例えば、終戦直後、1945年の最初の占領期にはたくさんの女性たちが、場合によっては総レイプを受けたかもしれない時期に、米兵の子どもたちもたくさん生まれている。レイプの結果生まれているわけですよね。その人たちは守られる

べき立場なのに、逆に差別されて、村を出ていかざるを得ないというケースもあります。逆に差別を受けてきたという事実があるので、それは社会の問題として考えなければならないなと思います。

前田 ヘルケ・ザンダー『1945年・ベルリン解放の真実——戦争・強姦・子ども』(パンドラ、1997年)というドイツの女性たちの調査の成果があります。1990年代半ばにドイツにおいて浮上してきたのは、当時のソ連軍によるベルリン解放直後の大規模なレイプの問題でした。もう一つは、ドイツにおける強制売春(クリスタ・パウル『ナチズムと強制売春』明石書店、1996年)。ナチスドイツの時代に、強制収容所のなかでいわゆる強制売春が行われていた。そういう研究とか、ドイツの場合、実際の被害体験者の証言はあまりないようですが、それでもさまざまな形で出てきたのは90年代半ばですね。それまでは知られざる事実だった。語られない、被害者も声を上げていない。それがこういう形で出てきている。

　同じ時期に出てきたのが、バングラデシュです。1971年、それまで東パキスタンとされていた地域が独立戦争の結果、バングラデシュとなりました。その戦争の過程で、何万といわれる女性たちが被害を受けている。それも20年以上語られない問題だったのが、ようやく出てくる。その意味で、世界の女性たちの運動があり、国連人権委員会を舞台にした運動がありました。まっさきに証言されたのは金学順(キム・ハクスン)さんという元日本軍「慰安婦」にされた女性だった。そういう色々なことが絡まりあって行くなかで、被害者が沈黙を破る。当時よく言っていたのは、「恥ずかしいのは女ではない。恥ずかしいのは加害者の男である。なぜ被害者が沈黙しなければならないのか」。そういう形でよく議論していたと思いますが、そういう世界の状況の影響というのは感じられましたか。

安里 ベルリンの女性たちの総レイプの問題ですが、『1945年・ベルリン解放の真実』の証言を読んで、すごくショックを受けました。ベルリンの女性たちが、第2次大戦が終わって、4月の最後の週から1週間の間に被害にあっています。当時のソ連兵によってベルリンの80〜90万の女性たちがレイプを受けたであろうと報告されているんですね。ドイツのベルリンの女性たちでさえも総レイプを受けている。ましてや小さな島の、日本軍から差別を受けてきた沖縄の女性たちが無事であったはずはないと想像するわけです。軍隊のあったところは必ずその問題は起きています。軍隊は日本やアジアや世界で何をしたのか、軍隊の持っている本質的な暴力の問題、特に女性に対する暴力の問題を歴史的に振り返ってみたんです。そういうふうに考えてみますと沖縄だけが特別で無事であったということはないだろうと思います。

前田　ベルリンと沖縄をつなぎながら、軍隊の性暴力という残念な「普遍性」に突き当たる。

安里　それからもう一つ、沖縄県史を編纂して、沖縄戦の聞き取り調査をした先輩の一言がありました。「いっぱい話を聞いてきたけれども、ある村では、村ごと女性たちが総レイプを受けたそうだ。だけど僕はその本のなかにそれを記述することができなかった。だからまだ何も書いていない」ということをおっしゃっていました。とても書けないんです。まだみんな生きているし、狭い地域ですから、どの村って書くと全部わかるんですよね。その方は特定の村のこと、私にはその村の名前を言いませんでしたけれども、もしかしたら特定の村ではなかったかもしれません。沖縄全体がそういう目に遭っていた、あるいは沖縄の場合、米軍占領です。慶良間諸島に3月27日に上陸していますが、沖縄本島は4月1日です。同時に近隣の人たちは収容所に入れられています。その収容所で何が起こったのか。やはり、レイプがある。収容所のなかで米兵にレイプされる。あるいは病院のなかで、傷ついて米軍によって病院に収容されたのに、病気で動きが取れない女性たちでさえもレイプを受けている。食料を求めて畑に行っている女性たちをレイプする。井戸で洗濯をしている女性たちをレイプする。ひどいのは6カ月の赤ちゃんまでもレイプすることになるわけですね。ですから、そういう証言が出てきたことによって、第2次大戦で起こったことは一体何なのかということは、これからたぶん検証されて行くのではないかなと思っています。

第一人称としての沖縄

前田　米軍基地問題、米軍基地周辺で起きる性暴力の話をしていただきました。次に、性暴力以外で、米軍の存在が沖縄に対してどのようなダメージを与えたのかという、全体のことを具体的にイメージできるような、喚起するような発言をお願いします。

　というのは、基地があって性暴力被害があるとか、交通の不便があるとか、政治的な問題とか、さまざまな個別の問題がありますが、米軍の存在がもっと丸ごと沖縄社会に根深いところからダメージを与えていると思うのです。沖縄の存在そのものを根底から変えてしまっている、そういう米軍の影響についてお願いします。

安里　いっぱいありますが、個人的なところから話すと、もし沖縄に基地がなければ、私はもう少し文学少女になっていました。ロマンチックな文学少女です

ね。そうなろうと思っていた時期もありましたけれども、途中から方針を変えました。もっと政治的になろう、もっと直接的な表現力を持たなければならないと思ったのが高校2年生の頃でした。私たちが高校生の頃は、議論ばかりしていました。我々沖縄人とは何なのか。沖縄は独立すべきなのか。もう高校生の頃には独立論が出ていましたね。それから、日本に復帰すべきなのか、それともアメリカに従属するべきなのかという議論もすでにやっていました。私たちの世代、それから沖縄の人たちの口癖としては二言目には「沖縄」。

「私」という言葉の次には「沖縄はね」「沖縄の私たちはね」という言葉が出るんですよ。「沖縄」という言葉は、第一人称「私」という言葉と同義語になっているんですね。だからある意味では大和(やまと)の人からしつこいとか、自己主張が強すぎるという言い方をされることがありますけれども、どうしても沖縄と自分が一体になっているんです。ですから、個人的な希望とか夢というのが逆にそういうところに集約されてしまっている面もあると思います。

それから、誰かが沖縄の人間は「総うつ病」だって言ったことがあります。普通、逆なんじゃないかと思われがちですよね。楽天的で「なんくるないさー」というようなおおらかさは確かにありますけれども。私が20歳の頃の体験なんですが、どこに本音があるかわからないという時期があるんですね。つまり、沖縄の基地問題反対運動で盛り上がっている。でも一方でお金で沖縄を売っているんじゃないかという言い方をしている人もたくさんいます。補助金をもらっている。本当に反対なら補助金も返せばいいんじゃないかという見方があるんです。そして、沖縄県政は自民党政権です。

前田 「沖縄だって基地を容認しているじゃないか」という言い方に使われる。

安里 そのような分析はできないと思います。基地を容認している人、軍用地主と言われている人たちもいるんですけれども、その人たちももともと被害者です。土地を奪われた人たちです。喜んで米軍に土地を差し出した人は一人もいないんです。自分たちが知らない間に、収容所に行っている間に土地を取り上げられた。それ全部が国際法違反だと思います。そういうふうに取り上げられた、暴力によって取り上げられた土地なんです。でも60年以上、そこで生きていかなければならないという状況で、私たちはどのような表現、どのような顔の表情をすればいいのか。諦めて本土・大和に移住できる人はまだいいんです。

でも、沖縄のなかでもグラデーションがあるんです。基地の側に生きている人もいます。私のように基地のない首里というところで生まれた人もいる。同じ沖縄のなかでも全く違います。私はまだ幸せなほうだと思います。直接的な色々な

物を見ていません。他方で、沖縄市、いまのコザ市、石川市に住んでいる人たちはすさまじい体験をしています。そういうことが原点になって、研究者になったり、詩人になって文学で訴えている人もいます。私のように逃げた人もいるんですけど、逆に文学で訴える人も出てきているんです。表現できる人はまだ幸せなほうです。

　逆に、全てを飲み込むというか、生きるために反対運動もしない、いやだとも言わない、無表情になって行く人たちがかなりいるんです。私はそれが問題だと思っています。つまり、そこから逃げることができない。そこでしか生きることができない人たち。そこで大変な騒音が起きる。でもそれから逃げられない。そうするとその騒音に慣れるしかないという状況です。いろんなことが起こってもそこで平気になる、無表情になる。生きる知恵というものを逆に学んでいかないといけない。そういう場面に私は出会いました。

　正義感に燃えた少女の頃、米軍の嘉手納空軍基地の近くの集落で井戸水が燃える事件がありました。私は「大変だ、行こう。そこの人たちの声を聞いてこよう」と出かけて行って、農家のおじいちゃんたちがいる庭先に行って、色々意見を聞くわけです。まだ17～18歳の頃です。「おじいさん、大変ね」と言うと、「もう慣れていて、なんでもないさ」と言うんですよ。その答えに私は戸惑いました。「そうなんだよ、大変なんだよ。あなたたち若い者、一緒に頑張って基地をなくそうよ」という答えを期待していたのです。ところがそんなこと言わない。「もう慣れてるよ」と吐き捨てるように私に言ったのです。これはまだ私のなかで解決できていない、深く突き刺さった言葉です。「いったいこれは何なんだろう」──というのが何十年前から私が抱えている問題で、そういうふうなものをつくってきたものは何なのだろう。だから、反対運動をして拳を上げる人はまだ幸せです。それができない状態の人たちをどうするのかと私は考えています。

前田　お聞きしていて思い出したのが、アフガニスタンです。アフガニスタン難民の取材を何度もしてきたんですけど、そのなかで聞いた言葉と共通するところがあると感じます。アフガニスタンは2001年の「9.11」の後にいきなり戦争が起こったわけではなくて、その前はタリバンと北部同盟の戦争があり、さらにその前はソ連のアフガニスタン侵攻があったので、30年来戦争が続いている。膨大な数の難民キャンプがあります。

　そのキャンプに住む年配の方たちにインタビューしてよく聴いた言葉が「慣れている」というものでした。難民になってあっちの難民キャンプで暮らして、帰ったと思ったらまた紛争が起こったのでこっちの難民キャンプに行って。その辛さ

安里英子

とかをおっしゃらないで、「慣れているから」「また次も難民だから」という言い方をされます。

　もう一つは戦争が30年続いていると、生まれた時から難民だった子どもが親になっている。戦争しか知らない、生まれた時から難民です。その感覚がわからないのです。言葉ではわかるんですが、インタビューしていても私はわかってないんですね。彼らも伝える言葉を持っていない。どの言語にもそんなことを伝えるための語彙はないのではないか。「慣れている」という言葉のなかに、いったいどんな体験や、どんな思いがこもっているのか。あれこれ想像するしかない。わからない。もどかしいのだけれども、そこは、部外者は越えられないのかなと思いながらお聞きしていました。

「うちなーナショナリスト」から世界に目を向けて

前田　安里さんの『凌辱されるいのち』という本は、沖縄の基地問題が最初のそして最重要の主題ですが、もう一つの特徴は、この本の後半部分は、韓国、あるいはパレスチナという形で、より広い射程での戦争の被害、軍隊の被害が取り上げられています。そこで、韓国やパレスチナとのかかわりを伺っていきたいと思います。

　沖縄にいると「沖縄と日本」「沖縄とアメリカ」という被害者の立場でものを語ることが多いけれども、韓国の戦争被害者と出会って、その時に色々と考えることがあったということがもう一つの転機になって今日の安里さんにつながっています。

安里　韓国との交流も色々あるんですが、最初は色々なお誘いを受けて、例えば、1980年の民衆闘争の光州事件のあった光州に出かける。「せっかくだから沖縄のことを少し訴えるといいよ」と言われて少し話してみるとか、いろんな会議に参加して発言するようなこともあったのですけれども、私にとって非常に重要な韓国との出会いは、朝鮮人軍夫の問題です。

　それまでは韓国に行って色々学んで交流するわけですけれども、沖縄問題をひっさげて行っていたんですね。沖縄はこうだ、沖縄はこういう被害がある。こうだこうだというふうにして訴えてばかりいた。韓国の問題も一応受け止めるんですけれども、沖縄で起きた朝鮮人軍夫の問題、あるいは「慰安婦」問題に具体的に直面する場面があったわけです。一通りの関心しか持っていなかったんですが、沖縄に韓国から強制連行された朝鮮人軍夫の碑を建てようという具体的な課題が

出てきたわけです。作業を進めて行くうちに、私のなかで色々な変化が出てきました。

　特に、ブロンズ像——沖縄の彫刻家・金城実さん作のブロンズ像なんですが、それが一つあります。まずこれを建てました。全国から基金を募ったわけですが、沖縄に1万人とも2万人とも言われる、まだ実態のわかっていない朝鮮人軍夫を追悼する碑なんです。碑を建てようということになって、碑文を書きなさいと言われました。断っても、あなたが書くべきだと言われて、私が担当することになりました。しかし、書けない。どうしても書けない自分がいたわけです。「どうして私が書けるの？」という感じで、悩みに悩んで、実際に韓国から沖縄に連行されて、まだご健在の方にお会いしてお話を伺ったりもしました。

　そんなことを繰り返しているうちに、もう一人の自分に出会えました。これまでは「日本対沖縄」という構図、沖縄言葉でいえば「大和と沖縄」という関係ですけれども、その関係でしか自分を見てこなかった自分があります。被害者である沖縄。うちなんちゅーである私。そして、大和があるわけですけれども、そのなかでしか考えることができなかった。つまり「うちなーナショナリスト」だったんです。この碑を建てる段階で、そこだけでは問題は片付かないことにだんだん気づいてきます。そうすると、自分のことを言う前に、やはり相手のことに耳を傾けなければならない。そして理解できないことがたくさんある。そこで悩むことが必要なんですが、そのなかでもう一人の自分、アイデンティティというものを少し角度を変えて見た時に、違う自分がいるということにようやく気がついたんです。

前田　先ほどの朝鮮人軍夫の碑の建立ですが、みなさんにもう少し具体的にお聞きいただいたほうがいいかと思います。碑の名前が「恨の碑」と言います。「恨」というのは朝鮮人にとっての「ハン」、日本語では「恨み」という言葉になるんですけれども、その「恨の碑」を読谷村の東シナ海を見下ろす丘の上に建立しました。

安里　軍夫の問題に関しては、1980年代に入って初めて沖縄大学が元軍夫の皆さんを招待してシンポジウムを開き、そして座間味の連行された現場に行くということがありました。慶良間諸島に行って追悼をしました。そういうことがまず沖縄のなかで80年代に始まるわけですが、私たちはまた別の出会いがありました。

　実は朝鮮半島全土から連行されてきていますから、それはもう私たちには抱えきれないくらいの膨大な人数の方々の問題なんですが、ある方との出会いによって、元体験者との個別の出会いによって物事は始まって行くわけです。私たちは

姜仁昌(カンインチャン)さんと徐正福(ソジョンボク)さんと出会って、そのお二人から沖縄で仲間たちを追悼する碑を建てたいという申し入れがあったのです。その前に大阪ですでに運動が始まっていて、韓国のヨンヤンという現場にまずブロンズ像が建ちました。これと同じものを沖縄で建てたいということだったので、大阪の運動に続いて沖縄で新たな運動をつくろうと始めたわけです。

　ところが、いまさら古臭くて、しかも陰気な「朝鮮人軍夫」とか「恨の碑」とか、お金を集めようと言っても集まらないだろうという人たちがほとんどでした。これはなんとかしてやらなければいけないということになって、事務局をつくって会員を募って「ポンソナとティンサグの会」をつくり、勉強会からはじめました。ポンソナというのは韓国の鳳仙花(ほうせんか)で、ティンサグというのは沖縄の鳳仙花のことです。その勉強会で韓国の歴史や文化を学んで行くうちに、なんだか人が集まり始めて、楽しくなってきた。楽しいといったら変ですが、学習の場が交流の場になって行ったんですね。それが広がって行きました。

　最初は土地もなかなか探せなかったんですが、最終的には提供してくださる方がいて、当初考えていたよりもお金を使わずに像を建てることができたのです。建立式には韓国から体験者の方をお招きしました。応援してくれた市民運動の方々もたくさん来ていただいて、盛大に除幕式をしました。それが3年前になります。

前田　2006年5月13日、読谷村の丘に追悼碑が建立されました。彫刻家・金城実さん作の「恨の碑」に碑文「この地に果てた兄姉の魂に」（詩・安里英子）が刻まれました。

　　この島はなぜ寡黙になってしまったのか
　　なぜ語ろうとはしないのか
　　女たちの悲しみを
　　朝鮮半島の兄姉たちのことを

　　引き裂かれ、連行された兄たち
　　灼熱の船底で息絶え
　　沖縄のこの地で手足をもぎ取られ
　　魂を踏みにじられた兄たちよ

　　戦が終わり、時が経っても

この島から軍靴の音が絶えることはない
奪われた土地、消えたムラ、女たちの悲鳴は続き
人々の心は乾いたままだ

兄たちよ
未だ供養されず石灰岩の裂け目に埋もれる骨、骨、骨
故郷の土饅頭に帰ることもかなわない
兄たちよ

私たち沖縄人は
未だ軍靴に踏みにじられたままの
兄姉たちの魂に
深く頭を垂れる

日本軍の性奴隷として踏みにじられた姉たち
軍夫として犠牲になった兄たちに深く頭を垂れる
やがて固く結んだ鳳仙花の種が弾け
相互の海を越えて花咲くことを信じて

兄姉よ、あなたたちの辿った苦難を語り継ぎ
地球上から戦争と軍隊を根絶することを
この地に果てた兄姉の魂に
私たちは誓う

安里 ハングルの翻訳も刻んでいただきました。
前田 その後、NPO法人を立ち上げましたね。
安里 碑を建立することができましたが、さてこれからの活動があります。なにしろ「軍夫」の実態は何もわかっていませんし、日本政府は、謝罪はおろか、補償も行っていません。全てこれからなのです。そこで、私たちは会をNPO法人として立ち上げました。私個人はそのような形式はどうでもいいことだと思っていました。しかし、以前に「集団自決」が起こった読谷村のチビチリガマの前のモニュメントが右翼団体によって破壊されたことがあり、今後のことを考えて法人としたのです。これからの主な活動は、例えば、碑のまわりの清掃です。これも

実際は大変なんですよ。すぐに草ぼうぼうになっちゃうし。被害者の実態調査。なによりもこれを優先しなければなりません。といっても、雲をつかむような話で、とにかくやってみることだと思っています。そうすれば糸口が見えてくると思うのです。

国を超えた女性のネットワークの希望

前田 元朝鮮人軍夫の問題を通しての日本と韓国のつながりということですね。もう一つ、米軍基地被害という意味での沖縄と韓国。そういうものを踏まえて、さらに先ほど出てきたパレスチナも含めて、国を超えて色々なネットワークをつくられていますね。こうしたネットワークのことを少しご紹介していただけたらと思います。

安里 まず、基地問題に関する韓国との連帯運動について紹介したいと思います。韓国の場合、基地闘争はタブーだったんですね。金大中大統領が誕生するまでは反対運動がほとんどできなかったんです。金大中政権が誕生した後、噴き出すように運動が広がったんですが、韓国の市民運動の方がまず沖縄に来ました。そして交流を始めるようになりました。そして「沖韓連帯委員会」というものが組織されました。在日の方とか韓国にお住まいの方たちが沖縄に頻繁にいらして交流しています。ほとんど毎月のように双方が行ったり来たりしています。

それから、とりわけ1995年の少女暴行事件以後、具体的に国際的運動を始めるようになりました。2年に1回なんですが、最初に沖縄の女性たちがピースキャラバンを組んでサンフランシスコに訴えに行きました。米軍基地の存在する国や地域の女性たちの連携です。フィリピン、韓国、沖縄、それから送り出しているアメリカ側。最初はそのくらいだったと思います。その後、沖縄サミットが行われた辺りからプエルトリコが参加してきました。プエルトリコも後に基地閉鎖になりましたが、その頃、すさまじい基地闘争がありました。サミットの時もNGOがプエルトリコの女性たちや基地闘争に加わっている市民運動の方々を招待して交流を深めました。それ以後、プエルトリコの女性たちが加わりましたし、今回は沖縄の海兵隊がグアムに移転することになったので、それが決まって以来、グアムから先住民のチャモロ女性たちが沖縄に頻繁に訪れるようになりました。グアムに沖縄の基地を持ってきてほしくないという訴えです。結局被害に遭うのは先住民やマイノリティですから。

前田 米軍基地問題関連での女性のネットワーク。あるいは「慰安婦」問題をは

じめとする日本の戦争責任に関連しての女性たちのネットワーク。もちろん男性もやっていますが、元気なのはむしろ女性たちのネットワークかなと思います。さまざまな取り組みができていて、東アジアの状況をどう変えて行くのか。いま、アメリカでも日本でも政権が代わり、少しは明るくなりそうななかで、この状況を活用しながら、東アジア・東北アジアに平和や人権をどのように実現して行くのか。そんななかでもう一度、女性たちのネットワークが大きく浮上するかなと思います。

在日朝鮮人に対する差別

不当な抑圧を受け続ける在日朝鮮人

前田　金静寅さんは同胞法律・生活センターというNPO法人で事務局長をしています。「同胞」と言われてもわかりにくいかもしれませんが、在日朝鮮人同胞という意味です。

金　ご紹介いただきました、同胞法律・生活センターの金静寅と申します。在日本朝鮮人人権協会では常任理事という立場で活動しています。平素はNPO法人同胞法律・生活センターというところで、幅広く在日コリアンの方々、最近は韓国から来られたニューカマーコリアンの方ですとか、中国人や朝鮮人からも幅広く相談を受けています。人権協会は在日朝鮮人の基本的人権のために活動する団体なんですが、同胞法律・生活センターは、在日コリアン個人の、それぞれが抱える法律上の問題や日常生活のなかで生じる問題を個別に解決して行くところです。普段はそちらで在日の方々から色々な相談を受けています。

前田　最初に言葉の使い方に触れておきます。このインタヴューでは、「在日朝鮮人」という言葉は、主に「朝鮮半島出身者およびその子孫」全体を含む意味で用います。日本では「在日韓国・朝鮮人」とか「在日コリアン」という言葉も使われることがあります。それから、朝鮮民主主義人民共和国の略称は「朝鮮」です。日本政府の外国人登録では「朝鮮は符号だ」という意味不明のことを言っていますので、以上だけでも「朝鮮」という

金静寅さん
[きむじょんいん]

1997年以来、在日朝鮮人の法律相談、生活相談を続けてきたNPO法人同胞法律・生活センター事務局長、在日本朝鮮人人権協会理事。雑誌『人権と生活』編集者。社会福祉士。

言葉が三つの異なる意味で用いられています。混乱を招きかねないのですが、そのこと自体が日本と朝鮮との複雑きわまりない歴史の反映です。

　まずは現在の在日朝鮮人への差別についてお話いただきます。この間の制裁問題のなかでどのようなことが起きているのか。以前ですと、在日朝鮮人差別事件が起きると、少なくともマスコミは「これでいいのか」という形で報道していました。しかし、ここ数年はそれもきちんと報道されない。マスコミが差別の状況を放置している。逆に差別を煽っているような状態です。そういったなかで、現在、制裁と呼ばれている状況のなかで在日朝鮮人に対して行われていること、人権侵害の状況などをいくつか紹介いただけますでしょうか。

金　いま、最近の在日朝鮮人に対する差別の問題についてということでしたが、みなさんご存知のとおりに、いま日本政府は朝鮮政府に対して経済制裁を実施しています。2009年4月の人工衛星発射実験に関連して、この制裁は2010年4月まで1年間延長すると決まりました。実はこの制裁措置というものは、3年前から始まっています。もう3年間、朝鮮政府に対する経済制裁が実施されています。記憶されているかと思いますが、2006年7月に朝鮮政府がミサイル実験をしたことに起因して、ただちに万景峰号という、朝鮮と日本の間を横断していた貨客船があります——非常にいい意味で、朝・日が敵対関係にあるなかでも、唯一、人道の船として、朝鮮と日本を往来していた船です。厳しい朝・日関係のなかでも船が往来するということが、私たちにとっては希望でもあったわけですけれども——その万景峰号が入港全面禁止になりました。そのようなことを皮切りに、2006年10月から本格的に経済制裁が始まっています。

　経済制裁として、どのような措置がとられてきたかと言いますと、実際に経済制裁が始まってから、2006年10月当時は安倍晋三政権だったのですが、朝鮮総連ならびにその傘下にある在日朝鮮人に対して、それぞれ個別的な、非常に軽微な法律違反を口実にした大規模な強制捜査が実施されました。

　実際に、テレビでも非常に大きく報道されたり、新聞でも報道されたりしましたので、ご存知かと思いますが、非常に象徴的な事件がありました。世田谷区で72歳の高齢の女性が、万景峰号に乗って朝鮮にいる甥の肝臓の調子が悪いので薬を持って行こうとしていました。その女性もガンの治療をしていて、持病の薬をかかりつけのお医者さんから少し多めにもらっていました。親族が朝鮮にいらっしゃるので、年に1回くらい万景峰号に乗って行っていました。船で行くので気候や天候で日程がずれることがあり、薬がなくなって不便な思いをしたことがあったので、その分多めに持って行っていたのです。それが薬事法違反とされ、

その方の自宅、ならびに荷物の配送の手伝いをした朝鮮総連東京都本部、それと東京都本部内の、なぜか朝鮮歌劇団事務所までが強制捜査の対象になった事件です。その際に、警察車両や機動隊など百数十名を動員して、しかもマスコミのライブ中継付きというような強制捜査が実施されました。
　同じような強制捜査が、滋賀朝鮮初級学校に対しても行われています。運動場が「車庫飛ばし」という、車庫証明の場所に使われたことがきっかけでした。それは全く別の個人がしたことなのに、それを口実に教育現場が強制捜査に遭いました。車庫飛ばしにしても、薬事法違反にしても、いずれにせよ日本人が行えば罰金、あるいは厳重注意で済むことが、同じことを朝鮮人がすれば、警察車両数十台、マスコミのライブ付き、数百人の機動隊を動員した強制捜査につながるということが、私たちの暮らしの周辺120カ所で行われました。私の知人や友人も逮捕されたり、自宅に捜査官がやって来て強制捜査を受けたりしたことがあり、国家権力による暴力の怖さを非常に身近に感じて、日々の生活が怖かったです。このような強制捜査が続けてありました。
　もう一つは朝鮮籍保有者に対して、再入国許可が制限されてしまいました。いまも制限されています。朝鮮籍の人たちが海外に出る際には、「特別永住者」という永住資格を持っているので、必ず日本に戻ってくるための許可を得なければなりません。特別永住者の場合は、4年間の有効期限内では何回でも日本と海外を往来できるという許可だったのですが、それが朝鮮籍の者に対しては、1回限りの再入国許可しか認めないことになりました。
　複数回の入国が認められる「数次旅券」がほしい人は、必ず2回目以降の旅行計画書を提出しなければならないというハードルが課せられるようになりました。在日朝鮮人は南北分断を生きているので、親族が南にも北にも日本にもいるという状況です。ですから、万景峰号が禁止されたことは言うまでもなく、海外渡航が制限されることは、私たちの生活実態からすると、非常に大きなダメージがあるわけです。その措置はいまなお続いています。
　もう一つ、朝鮮籍の人に再入国許可を制限する措置を日本政府はとっているのですが、実は、日本政府は1965年の韓日条約(日韓条約)の際に、在日朝鮮人の国籍問題に関して、韓国籍の人は「国籍」としたけれども、朝鮮籍の人に関しては、単なる「符号」にすぎないということで、朝鮮籍を国籍とは認めないという見解をとりました。
　ですから、外国人登録証が「朝鮮」となっている人については、単なる符号、あるいは朝鮮半島の一地域を表示するものに過ぎないということで、朝鮮籍の人た

ちは一律「無国籍」扱いをされました。実際の国籍問題を処理する際には、不当にも韓国法で一律に処理するという扱いをしてきたにもかかわらず、この制裁措置によって「朝鮮籍＝朝鮮民主主義人民共和国国籍」ということで、一律に再入国が制限されています。これは日本政府のとっている対応に非常に大きな矛盾があるところなのですが、いまになって朝鮮籍の人は一律、朝鮮民主主義人民共和国国籍だとみなされて、制裁の対象にされているという現状があります。

前田 いま説明された経過のなかで、日本政府が「朝鮮というのは符号であって国籍ではない」と称していた。そのことの法的な問題はどうなっているのか、なぜ不当であるのか。事実上の不当性と法律的な不当性が両方あると思いますが、この辺のことを整理していただけますでしょうか。

金 これだけで一つの大きなテーマになりますが、朝鮮人は戦前に強制連行だとか色々な事情で日本にやってきました。朝鮮人の民族性を奪って日本人に同化するための皇国臣民化政策のもとで、一律日本国民扱いということになりました。1945年に、朝鮮半島が独立をしたのですが、「当分の間は日本国民としてみなす」という扱いがされました。ただ、1947年には、外国人登録令が実施されて、私たちは外国人登録をしなければならなくなりました。その当時、外国人登録令によって外国人登録をした際の朝鮮人の国籍欄の表示は一律「朝鮮」とされました。朝鮮半島出身者ということでそうなったんですが、1952年のサンフランシスコ講和条約によって、私たちは一律、日本国籍を喪失するという取り扱いになりました。外国人登録上の国籍表示が「朝鮮半島地域出身者」ということになりました。

その後、1948年に朝鮮半島に二つの国、大韓民国と朝鮮民主主義人民共和国ができたのですが、1965年の韓日会談までは一律「朝鮮」でした。外国人登録証も朝鮮半島の分断がそのまま反映されない形の表記だったのですが、韓日会談の際に「朝鮮半島の合法政府は大韓民国であり、韓国を国籍とみなす」という日本政府の見解が打ち出されました。外国人登録の国籍欄の表記を「朝鮮」から「韓国」に書き換えた者については協定永住権を付与するというおまけがついたのです。

その当時、私たちの在留資格は3年に1回の切り替えといった在留期限がついていましたので、例えば、銀行から融資を受けられないとか、住宅金融公庫からお金を借りられず、事業を行うにも非常に大きな支障がありました。また、国民健康保険の対象でもなかったので、社会保障の面においても制限がありました。その際に永住権を持って安定的に暮らしたい人が韓国籍に切り替えました。その時から朝鮮籍は符号という取り扱いになりました。ただ、在日朝鮮人の約9割がいまの韓国の領域の出身者で、北半分の出身者は1割くらいしかいないのが実態

です。ですから、私たちが「朝鮮」と言う場合、イコール朝鮮民主主義人民共和国国籍を持っているというわけではなく、どこまでも外国人登録上の表示に過ぎないのです。

　実際に外国人登録の取り扱いについては、東西ドイツが存在していた時とか、統一前のベトナムに関しては、その人たちの国籍は全て「ドイツ」や「ベトナム」といった形で分断が反映されない表記がなされていました。日本政府が本国のそれぞれの分断に加担しないというスタンスをとっていて、どちらの出身かを判断するのはその人たちの旅券や本国政府発券の国籍証明などを使いました。しかし、在日朝鮮人の場合は日本政府発行の外国人登録証書が使われています。本来ならば本国法によるべき国籍が、日本の外国人登録によって規定されるという非常に差別的な取り扱いがなされてきた経緯があります。

前田　日本国憲法では、憲法10条に国籍規定があります。そこには、「日本国民たる要件は法律でこれを定める」としか書かれていません。それによって国籍法がつくられて、「これこれが日本人である」と決められているわけです。実は、いくら読んでも、そもそも誰が日本国籍、日本人なのかはわからない。基本部分は、日本人の子どもは日本人だ、という構造になっています。

　しかし、それは日本の事情でしかない。国際社会で考えれば、世界人権宣言15条には「国籍の権利」という言葉があります。日本国憲法には「国籍の権利」という言葉はありません。世界人権宣言には「すべての者は、国籍を持つ権利を有する。何人も、その国籍を恣意的に奪われ、又は、国籍を変更する権利を否認されない」とあります。どこかの国籍を持つのは権利なのだという、日本人には全くない発想があるわけです。

　その観点で考えた時に、在日朝鮮人の国籍は在日朝鮮人にとっての権利の問題であるにもかかわらず、日本国内では単なる法政策の問題として扱われています。違う言い方をすれば、在日朝鮮人の国籍がどこであるかについて、日本政府が口をはさめるはずがないのです。在日朝鮮人と朝鮮政府の関係、あるいは在日朝鮮人と韓国政府の関係ですから。ところが日本政府は外国人登録上の表記を勝手に決めている。しかも、「朝鮮は国籍ではない」と言ってみたり、「国籍だ」と言ってみたり、変幻自在で極めて恣意的です。世界人権宣言など全く無視しています。しかも、「朝鮮は国籍ではない」からと言って差別します。ところが「朝鮮は国籍だ」と言う時も差別します。この問題をもう少し強く押し出したほうがいいのではないかと思って確認してみました。

　ところで、今日の制裁状況下では他にも色々な問題点があると思いますが、す

でにお話されたなかで言うと、強制捜査が120件ほど全国であったということが紹介されました。そのうち、正式に起訴、立件に持ち込まれたものは何件くらいあるのでしょうか。

金 在日朝鮮人商工会に強制捜査が入ったケースがいくつかありますが、そのなかで逮捕・起訴された方が3名いらっしゃいます。裁判も係争中ですが、その他はほとんど不起訴で終わっています。先ほど申し上げた、おばあさんが薬を所有していて薬事法違反だとされた方は、強制捜査を受けた後7カ月間警察から何の音沙汰もなく、7カ月後に不起訴処分になっています。

前田 ここに、警察の捜査に対する姿勢が顕著に表れていると思いますが、通常であれば、犯罪捜査は訴追を目的としており、そのための証拠収集活動です。ところが在日朝鮮人にかかわる事件では、訴追を目的としていない。かつては情報収集を目的としていて、いまは弾圧をするために行っている。端的に言うと嫌がらせをするために行っている。顕著に表れているのが、この120件のなかでも少ししか起訴していないところにあると思いますが、その辺りの印象はいかがでしょうか。

金 当時の公安調査庁長官がいみじくも言っていたように、公安の仕事は拉致問題の解決にあるという発言をしていましたし、朝鮮総連関係者については、あらゆることを事件化して行くことが警察の目的だという、非常に乱暴な発言もありました。実際にそのとおりで、本当になんでも事件化されてしまう状況がありました。実際に、家宅捜査で100人、200人でもなく、10人でも警察が家に来た時のことを想像してみてください。近所の人もすごく驚きますし、地域では生活していけません。世田谷のおばあさんも「道を歩けない」と言っていました。新聞報道を見ても、在日朝鮮人の女が核兵器の開発につながる物資を万景峰号で運んだというような、とんでもない見出しがつけられて報道されています。物々しい捜査の状況は報道されますが、実際に起訴されず処分保留の状態が7カ月続いたということは一切報道されません。これが一体どういうことなのか。

前田 強制捜査というのはほとんど捜索押収令状を取っている。つまり、「裁判官が発行した捜索押収令状を持って行った捜索なので合法である」という形で国は主張します。それを国賠訴訟で行うと、裁判官が発行した捜索押収令状が適正であったかどうか、これを裁判でどう争うか。一定の条件があって、当局などから情報が流れてきて、状況がわかれば追及できます。あるいは情況証拠の積み重ねで、警察はこのように不当なことを行っていたではないかという形で従来は国賠訴訟を行っています。おそらくどの国賠訴訟も非常に難しい状況のなかで行わ

れています。在日の問題だけじゃなく全部そうです。日本の場合には恣意的捜査や差別的捜査というものについて認識が不十分だと思います。

　しかし、人種差別禁止法がある国であれば、人種差別の要件が確立していれば、そのなかで「特定の集団に対してはこういう方法をとるけれども、ほかの集団に対してはこのような方法をとっていないではないか、捜査の方法自体が差別的である」と言うことができる。ところが、日本の裁判には、そういう法的な枠組みがないので非常に難しいということだと思います。

　今年の在留管理関連法の制定で状況が変わったということはないのでしょうか。

金　はい、在留管理制度に関連していくつかの法律が改定されて、3年後に（2010年7月までに）新しい在留管理制度が施行されることになっています。その制度の内容について、私たちのような特別永住者とそれ以外の一般永住者、ならびに中長期の滞在者が対象になっています。一般永住者と中長期滞在者の在留管理制度は少し置いておいて、私たちも新しい在留管理制度の対象者になります。日本政府が言うのは、いままで外国人の管理については入管法と外国人登録法の二つで二元的にそれぞれ管理していたものを、法務省が一元管理することで、在日外国人の在留状況を効率よく管理し、在日外国人の日常生活の利便を図るのが目的だと言っています。

　ただ、私たち特別永住者に関しては、それが導入されるからといって何も変わりません。私たちは外国人登録法が廃止されて、外国人登録証も廃止されるのですが、別に新しく特別永住者証明書というものを持たされます。それは外国人登録証と全く同じで、常時携帯義務があります。そして、就職や家族構成など、いままで外国人登録でしてきたものと全く同じ登録をしなければならず、変更があった場合は2週間以内に届け出をする必要があります。届け出を怠った場合は1年以内の懲役、あるいは20万円以下の罰金という刑罰、刑事法によって処罰されるということも何ら変わりはありません。

　私たちは、4年間の再入国期間が与えられていますが、新しい在留管理制度のもとでは有効な旅券を持って2年以内に日本に戻ってくる人の場合は、再入国許可の必要はなくなりました。わざわざ入管に行って再入国許可を得る必要はなくなったのですが、その条件が「有効な旅券」を所持する特別永住者ということになったのです。私たち朝鮮籍者は朝鮮の旅券を取得することはあっても、朝鮮は日本政府からすると国ではないので、朝鮮のパスポートは一切認められません。私たちが海外に出る時は日本政府が発行する再入国許可証という、旅券でもない、

難民の方たちが所持する渡航証明書でもない、そういった中途半端なものを持って海外に出るしかないのです。もしくは朝鮮政府発行のパスポートなんですが、それを持って海外を渡航する場合は、私たちには2年以内に再入国する場合は再入国許可証がいらない、という新しい制度は適用されません。ですから、同じ歴史的背景を持つ在日朝鮮人で、私たちの国籍については、日本政府の恣意的な政策が反映された結果、ここでも線引きをされてしまっています。

前田 いま再入国許可証のことで、難民と同じようなというくだりで触れられましたが、なかなか日本人にはわからないですね。再入国許可証を見たこともほとんどありません。日本人はパスポート(旅券)を持っているわけです。在日の人たちの再入国許可証がいかなるものかがわかりにくいので補足説明しようと思います。

例えば、1995年に阪神淡路大震災がありました。その直後、西宮市出身の朝鮮人と私が一緒にスイスに行きました。空港で、私は日本のパスポートを見せて入国します。振り返るとその人が来ないのです。私は入国してしまったから戻れないのですが、どこかに連れて行かれているんですね。どうしたのかと思っていたら、「日本政府発行の再入国許可証をもって、兵庫県出身の朝鮮人がやってきた。日本であった地震で難民になって来たのではないか」と疑われて、別室で事情聴取されたのです。事情を説明して難民ではないと判明して、入管を通れたのですが、実際にそういうふうになるわけです。通常の外国の入管担当者から見て、「再入国許可証って何だ」ということになるわけです。難民と同じ扱い。同じかどうかはわかりませんが、少なくとも「パスポートを持っていない人間が来た。なぜだ」という形になりかねない。

これは一つの事例ですが、至るところで在日朝鮮人は経験しています。そういう意味では、日本のなかで手続きするのに大変な苦労をするだけではなくて、外国に出ても色々な形で異なった扱いを受けざるを得ない。私の言葉で「日本政府の差別が外国まで追いかけてくる」「どこまでも追いかけてくる」ということになるのですが、そういうのを至るところで経験しているのではないかと思って補足させていただきました。

次に、同胞法律・生活センターの歴史とか活動、あるいは日常について簡単にご紹介していただけますでしょうか。

同胞同士の助け合いから始まったセンター

金　同胞法律・生活センターは1997年12月に開設をしまして、まもなく活動が12年目に入ります。同じ同胞の専門家に相談したいとか、気軽に安心して相談したいといった同胞の方たちの要望が非常に多かったものですから、そのような要望に応えてつくりました。在日朝鮮人の職業というものは、最近はバラエティに富んできたのですが、1980年代くらいまでは、あらゆるところに国籍条項や就職差別というものが非常に根深かったので、焼肉・金融・パチンコといった職種——職種といっても親の代から息子が引き継ぐというような形が、非常に決まり切ったものとしてありました。1980年代に入って、金敬得弁護士に象徴されるように幅広い分野で活躍する方が増えました。金敬得弁護士に続いて、在日社会でも弁護士が少なからず誕生するようになりました。そのような有資格者の有志が集まって、自分たちの持っている専門知識を同胞のために役立てようということで設立されました。

もともと、在日朝鮮人は特殊な歴史的・政治的背景を持っています。いまも祖国の分断を生きている状況のなかで、私たち在日が日常生活のなかで生じるさまざまな問題というものは、やはり在日ならではの特殊なものが多いです。国籍問題であったり、相続問題であったり、あるいは在留資格問題であったりという、非常に特殊な背景、内容をはらんでいることが多いのです。日本の弁護士や専門家の方に相談してもなかなか感覚的に理解できないことが多かったわけです。このような状況に共感してもらえるような相談機関があればという声が非常に高く、それに対応できる同胞の専門家も増えてきたので、センターを立ち上げました。

12年間続けまして、日本全国、あるいはインターネットを通じて海外で暮らす元在日コリアンの方たちからも相談を受けて、すでに9,000件を超えています。2008年の相談件数は763件で、相談の内容は、相続、国籍、在留資格、外国人登録といった在日固有の問題から、やはり外国籍であるということで直面する問題、それ以外はおそらく日本の法律相談所に寄せられるような交通事故、離婚、金銭トラブルといったようなさまざまな問題があります。在日朝鮮人も、日本社会と同様に高齢化が進んでいますので、高齢者の生活支援の問題ですとか、認知症になって日本語が話せなくなって日本のヘルパーさんに頼めないのでどうしたらいいのかということや、最近の日本の雇用情勢が反映して、失業や生活保護など非常に生活支援に深くかかわる相談が増えてきています。

金静寅

前田 高齢者の点では、国民年金問題が放置されたままですね。

金 はい。1926年4月1日以前に生まれた高齢者の方々については、年金制度から除外されています。ですから、ほとんどの方が無年金状態なので生活が非常に厳しいです。自治体で独自に年金制度から除外されている人たちへの生活福祉金という制度を実施しているところがありますが、私が理事を務める在日本朝鮮人人権協会として、無年金の人たちに対する生活保障ということで、福祉給付金の獲得を実現するために取り組んでいます。

朝鮮人差別を国際社会で問う

前田 ありがとうございました。では、ちょうどお話も出たので、もう一つ、金さんが理事も務められている在日本朝鮮人人権協会の人権活動をご紹介いただきたいと思います。

金 在日朝鮮人の人権問題で非常に大きかったのは、一つは外国人登録の指紋押捺拒否に対する刑事罰の問題ということと、もう一つ安定した在留資格を獲得するということが非常に大きな問題だったわけです。この二つの問題については、日本社会のなかでも国際人権の擁護という流れのなかで、私たち当事者の運動の結果、1990年代末にはおおむね解決しました。

　在日朝鮮人の在留資格も特別永住者という形で一本化をされ、安定的な在留資格を得ることができました。外国人登録についても、刑事罰制度が残されたままという非常に大きな課題はありますが、指紋押捺が廃止されたりという非常に大きな前進があったのです。

　いまだに残されている問題として、先ほどお話した一部の高齢者と障害者の人たちが無年金のまま放置されている状況があります。無年金問題を解決すること、そして、朝鮮学校の法的地位の拡大です。いま特別学校扱いで、国庫からの助成が一切ないのですが、その法的地位を拡充することです。同時に朝鮮学校で学ぶ子どもたちの教育を受ける権利を保障しようということで、この二つを柱にして活動を続けています。

　地域でさまざまな取り組みをしながら、地方自治体に対して助成金をアップするという運動もしました。日本弁護士連合会に朝鮮学校の処遇改善を求める人権救済申し立てをしまして、勧告を引き出すこともできました。日本国内のみならず、国連の各種条約委員会に参加して、日本での差別状況について問題提起をしてきました。実際に数々の条約委員会から日本政府に対して差別是正を求める勧

告も引き出してきています。今年も、人種差別撤廃委員会や子どもの権利委員会に代表団を送って活動を展開しました。

前田 人種差別撤廃委員会というのは、人種差別撤廃条約に基づいてつくられている委員会で、2001年、日本政府は第1回政府報告書を提出して審議を受けています。あの時は、その前年に石原慎太郎都知事の、いわゆる「第三国人」発言があって、それが人種差別撤廃委員会から問題であると指摘され、高級な公務員による人種差別の扇動を放置しているのはよくないという勧告が出されました。日本政府は全く無視していますが。そのほかにもさまざまな委員会から在日朝鮮人の人権はもちろん、さまざまな問題について勧告が出されています。そのなかで常に一貫して日本政府に対して勧告が出されているのが、いわゆる日本軍性奴隷制問題、「従軍慰安婦」問題について解決せよということです。これまでの国際社会の動きをご覧になっていての感想などに触れていただけますでしょうか。

金 1990年代前半に韓国で金学順ハルモニ(おばあさん)が最初に名乗りをあげてから非常に大きな前進がありました。世界的にも従軍慰安婦の問題をきっちり解決しないと、現在の女性への暴力問題の解決には至らないんだという認識が共有されるようになりました。しかも、当事者をはじめとするさまざまな運動の流れのなかで、日本政府への勧告が出されています。

しかし、一切無視されてしまうという状況があります。日本でも従軍慰安婦をはじめ、朝鮮人強制連行、あるいは中国人強制連行の問題も含めて、戦後補償の問題がたくさん提起されてきましたが、みんな幕引きさせられてしまっています。

残念ながら日本政府はそれについて一切のアクションをとらずに、「アジア女性基金」というごまかしの民間基金で一切「解決したこと」にしてしまおうという状態です。この間、私たちがかかわってきた活動は、世界的な女性運動とかかわって行くことで非常に大きなうねりをつくってきたという自負心はあるのですが、日本政府の手ごわさなども感じています。

ただ、今回、歴史教科書の問題もニューヨークの女性差別撤廃委員会でも大事な勧告が出たわけですが、これをきちんと解決していかないと21世紀の日本はもっと大変なことになるのではないかと思います。私も日本のみなさんの前で色々な話をさせてもらう機会があります。しかし、年々感じるのは、私たちに対して投げかける質問が非常に厳しくなってきているということです。内容が厳しくなっているのは、朝・日間の関係が厳しくなっているからではなくて、やはり基本的に、歴史認識が問われる質問をされます。それは若い世代だけではなくて、そうではない方々にもそういう問題があって、日本社会全体の歴史認識自体が、

非常に脆弱と言いますか、歴史教育の重要性というものをみんなで考えていかないといけないのかなと思います。ですから、従軍慰安婦の問題をそのまま置き去りにするということは、今後の日本政府の歩みとも非常に深く関係してくる問題なのではないかなと思います。

前田　歴史認識問題はこの20年来ずっとやってきている問題ですが、歴史認識と言う前に、全く常識がないです。安倍晋三氏が典型です。2007年、内閣総理大臣だった当時、従軍慰安婦問題についてアメリカの下院に決議案が上程された時に、こういう言い方をしたんです。「官憲が家屋に立ち入って拉致したような、そういう奴隷狩りのような強制連行はなかった」。こういうことを言って、国際社会で問題になりました。欧米では、「ニューヨーク・タイムズ」をはじめ、多くのメディアがこの発言はとんでもないと伝えました。ブッシュ米大統領でさえ味方に付かないということがありました。

　ところが、安倍氏のとんでもない発言、このようなことを一国の総理大臣が言うことではないということに日本社会が気づいていない。「そういう意見もある」みたいな言い方をしているのです。官憲が家屋に立ち入って拉致したような奴隷狩りのような強制連行がなかった、だからいいのだと言うのは、「朝鮮人は路上から誘拐してもいいんだ」ということです。安倍氏が言ったことは明らかにそういうことです。

　総理大臣が国際社会に向かって堂々と言いましたから、国際メディアから猛烈な批判があったのです。ところが、日本社会で全く理解されていない。「そうだ、そうだ」などと言っている愚かな政治家や評論家が多数いるわけです。一国の総理大臣が「朝鮮人は路上から誘拐してもいいんだ」と断言した、恐るべき事態なのです。アメリカでは問題にされましたが、なぜか安倍総理大臣がブッシュ大統領に謝って、終わったことになっています。朝鮮人には謝りません。これは安倍氏の問題というよりは、そのことをきちんと理解していない日本社会の問題です。これは深刻に考えなければなりません。歴史認識というレベルの問題ではないです。日本の責任を逃れるためにはどんなことを言ってもいいのだという姿勢を持っている。これが安倍発言に顕著に表れていると思いますが、いまだにそのことは理解されていません。言葉が見つからないほど無責任で非常識です。

金　安倍発言の顛末を見ると、日本の方たちの歴史認識や人権意識はどうなっているのかと、考え込んでしまいます。全ての日本人がこうではないことはわかっていますが、やはり暗澹たる思いになります。

前田　差別発言をやめるように国際的な場で勧告されているにもかかわらず、

日本は無視し続けて、さらに差別発言を続けている状態があります。

金 実際に人種差別撤廃委員会から非常に差別的だということで勧告が出されていますが、それは徹底的に無視されています。二つありますが、一つは国連の人権条約委員会が出す勧告は法的拘束力がありません。二つ目に、日本も人種差別撤廃条約に加盟して批准しているんですが、留保していることがあります。差別の煽動の禁止についての4条(a)(b)を留保している問題点があります。

国連機関が出すもののなかで法的拘束力があるのは、ご存知のとおり安全保障理事会の決議ということなので、現状で言えば法的拘束力を持たせるのは非常に厳しい。そうであるからこそ、日本社会のなかで私たちや日本の人たちがもっともっと問題化して、指摘していかないといけないと思います。

前田 こうした国際人権活動では、人権協会の女性たちが頑張ってきました。女性が頑張らなければならない一面もあるのでしょうか。

金 女性ということでは、実は在日朝鮮人社会は非常に家父長的な、儒教的なものが色濃く残っています。日本社会もまだまだ家父長的な部分が多いと思いますが、在日はもっと強いです。やはり朝鮮半島に儒教思想が根深く残っていますし、在日も自分たちの民族性を日本社会のなかで守っていこうと思うと、朝鮮半島の文化や伝統をそのまま引き継いでいこうとする落とし穴もあります。文化が家父長的なものであっても、そっくりそのまま私たちが継承してしまう部分もあるので、朝鮮半島の人たちよりも家父長的なのではないかと思うことがあります。

そういう状況のなかで、従軍慰安婦の問題を取り上げるのには限界があります。同じ在日のなかでも男性がそれをきちんと理解できないことがあります。従軍慰安婦問題は、もちろん民族差別が基本にあるのと同時に、女性への暴力という視点を抜きにして解決はできない問題で、性差別の問題をはらんだものです。ところが、男性には、その部分がなかなか理解できない人もいます。そういう意味では、私たち朝鮮人女性も同じ在日男性に対して憤りを覚えながら活動をしているんですが、そういう意味でも、従軍慰安婦の問題などは若い女性が性差別をなくしていこうというスタンスも持ちながら活動をしています。

日本では理解されない民族教育の意義

前田 次に朝鮮学校の法的地位について、民族教育権という考え方、それも日本社会で生きてきた日本人にはなかなかわからない問題ですが、どういう考え方で何を勉強されてきたのかを教えてください。

金 基本は、かつての植民地時代に奪われた母国語と奪われた文化を取り戻すというところが原点だと思います。いまも在日4世、5世のお子さんが生まれているという状況で、私も時々、小平市(東京都)にある朝鮮大学校で教えますが、学生のなかで在日4世の子が何人か混ざっていて非常に驚いたりします。いまは民族性や私たちの祖父母の文化、親の文化を正しく受け継いで母国語を学んで行く。それが結果として民族性の尊重や民族性を育むとか民族の意識というふうに表現されますが、結果としては自分自身の尊厳を守って行くということではないかと思っています。現在もそういうスタンスで民族教育が実施されています。

前田 日本人の考え方で言うと、そういう言葉で表現されていないためにわかりにくいのだと思うのですが、文科省がやってきた教育の中身は、ある種、日本民族、公的に使っている言葉では「日本国民」を育成する教育です。典型的なものは、かつて「期待される国民像」というものがありました。あるいは、現在では愛国心教育といった形で教育基本法のなかに盛り込まれた。そういうものが日本の「民族教育」です。ただ、日本社会でそれを「民族教育」と位置付けて呼んできていないものですから、在日朝鮮人が民族教育を強調するのがどういうことか理解しないことが多いのです。

さて、朝鮮学校の現状についてですが、朝鮮学校のカリキュラムは、普通のカリキュラムと違うのでしょうか。それから、助成金がほとんどもらえないということですが、それで朝鮮学校のほうが学費がすごく高くなっているということでしょうか。

金 文科省の学習指導要領と似てはいません。ただ、それぞれの学年においては日本の学校と同じ教科を学びます。しかも学年ごとに習うテーマも全く同じです。ただ、朝鮮学校の場合は、朝鮮語の授業が「国語」としてあります。日本の学校の国語の授業は「日本語」という教科になります。それ以外に朝鮮の歴史について、「朝鮮の歴史・地理」という授業がありますので、全体の科目数は日本の学校よりは多いのです。いま日本の公立の小・中校は週休2日制になっていますが、週休2日制ですと到底みんな消化しきれないので、第4土曜日だけが休校で、それ以外は授業があります。低学年でも午後の授業はあります。内容は基本的に同じだと思っていただいて構いません。

それから助成金の説明ですが、国からの国庫補助といった助成金は一切なくて、地方自治体が独自に朝鮮学校に対して、それぞれ色々な名目で、外国人学校に通う子どもたちへの助成金という名前をつけたり、色々な形での助成金があります。日本の公立学校の場合には、国と地方自治体からの助成金がだいたい小学校の

場合は年間90万円くらいもらえます。それに対して朝鮮学校は東京都内の場合で年間12万くらいです。私はさいたま市内の学校に子どもを通わせていますが、いまの時点で児童一人に対して、年間8万8千円ですね。ですから、年間そういう額なので、どうしても学校の運営は保護者が支払う月謝と、それ以外に独自にカンパをしたりして学校を自主的に運営して行くということになります。よって、月謝はどうしても高額にならざるを得ないのが現状です。

前田 教育における民族性の回復については、解放後の朝鮮半島でも同じ課題があったと思うのですが、それは時代的に強調されなくなったのでしょうか。

金 韓国と朝鮮における教育を十分に把握していないのですが、そのなかで、歴史教育と言いますか、そういったところは出発点としては奪われたものを取り返すというところから始まったと思います。

前田 植民地支配のもとで奪われたものを取り戻すということであれば、一般論で言えば全ての植民地支配、ポスト植民地の段階では共通の課題として登場してくると思うのですが、その課題が朝鮮半島としてはすでにかなりのものを取り戻していった。だからそれがあえて民族教育と言わなくても済んでいる状況になっているのでしょうか。

そうだとすると、他方、在日の場合は、奪われたものというのが、植民地時代に奪われただけではなくて、解放後もさまざまな形で抑圧されたり、奪われ続けている。だからそれを回復しようとする努力を現在もなお続けなければならない状況があると、そう理解しています。

金 そのとおりだと思います。私たちは日本の学校にも当然行くことはできます。それでもあえて朝鮮学校で子どもを学ばせる意味が、結局私たちにとっての民族性という言葉が、日本の方たちにとっては非常に違和感があると思いますが、それが生まれ持ってのことではなくて、そのまま日本の学校に行けば「プラスの民族性」というものを感じないまま、「マイナスの民族性」ばかりが身にしみてしまう状況が実際にあります。

積極的にプラスの民族性を育んで行く、培って行くためには私たちにとっては朝鮮学校で学ぶことが非常に重要な意義を持ちます。これはやはり日本の学校教育の在り方ですとか、文科省の性格にも関係すると思います。いま朝鮮学校の歴史は非常に長くありますが、ブラジル人学校のお子さんの問題もよく言われます。このお子さんたちがなかなか日本の学校になじめずに不登校になってしまうという問題があります。ブラジル人の方がたくさん住んでいる静岡や愛知では、子どもたちの不就学の問題が地域の課題になっていると聞くのですが、そういうこと

も含めて考えると、なかなか日本の学校教育のなか、とりわけ公教育のなかで、その人が持っている文化的背景だとか価値観だとか、歴史的背景というものが全く尊重されないような状況が実際にはあるのではないかと思います。

　私たちのなかでは朝鮮学校で、民族自主式と言いますか、「日本社会のなかで朝鮮人として生き延びる力」というものが私たちには必要で、その力を培うために朝鮮学校は非常に重要なものになっていると思います。

前田　朝鮮学校のことをもう少し伺います。1990年代には朝鮮学校に通う生徒のJR定期券差別問題が解決しました。スポーツでは高体連に参加できるようにもなりました。ボクシングやラグビーでは朝鮮学校の学生たちが大活躍しています。朝鮮高級学校(高校)卒業生の国立大学受験資格がある程度、認められるようになりました。少しはプラスの状況も生まれてきたと思いますが、その辺りの状況をお話しください。

金　1990年代に入って非常に大きな前進がありました。1995年にJR定期券の学割の設定が実現しました。中体連・高体連の参加ということで、公式試合にも参加できるようになっています。2004年には欧米系のインターナショナルスクールの卒業生には国立大学受験資格は認めるけれども、朝鮮学校は認めないというような見解が発表されました。これについては、あまりにもひどいだろうということで日本の方々も反対の声を上げてくださって、個別審査を経て認められるようになりました。

　その結果、実質的に国立大学受験資格は認められるようになっています。問題は、これが権利として認められているわけではなく、国立大学を志望する朝鮮高級学校卒業見込の学生個人の個別審査ということで認められて、一人が合格すれば、翌年は前例があるので認められて行くという形です。権利としては認められていないところが非常に問題がありますが、実質的には認められるようになりました。ただ、私立大学でも認めないというケースが全国である場合もありますし、資格を取得する専門学校の入学資格で、朝鮮高級学校卒業生は認めないという例が毎年だいたい秋口から私たちのもとへ来て、ただちに抗議活動、あるいは学校側と交渉を進めて個別的に解決していっているのが現状です。

前田　朝鮮高級学校の大学入学資格については、私の勤務先(東京造形大学)は昔から受験させています。なぜかと言うと、4代前の学長・鈴木二郎(東京都立大学名誉教授)が、在日朝鮮人の人権について活動していました。私が事務局長をしている「在日朝鮮人・人権セミナー」の呼びかけ人代表でした。鈴木先生の退職後、現在の教員のなかには「受験させてもいいのか」という声が出てきます。きち

んと説明すれば、納得してもらえます。誰か一人わかっていればだいたい大丈夫です。誰もわかっていない場合、その大学が文科省に問い合わせをしてしまう。問い合わせをするとだめになってしまう。問い合わせをしなければ問題にならないということが現状だと思います。

在日朝鮮人が日本社会で生きて行くために

前田 最後の質問になりますが、在日朝鮮人の問題でも、その他日本の政治や国際政治においてもしばしば同じような状態があったと思いますが、21世紀になれば何かが拓けるのではないかと色々な方面で期待していたものが、ことごとく裏切られ、残念な結果に動いてきています。ただ、いいことか悪いことかは別として日本では初めての政権交代が行われたということで、21世紀、あるいは2010年代に向けて在日朝鮮人の人権の取り組みをどのように行っていこうかという、金静寅さん自身の思いを少しお聞かせください。

金 難しい質問ですね。20世紀は在日1世、2世が植民地奴隷として生きてきて、解放後は民族差別によって非常に大きく人権侵害されてきました。いま100年が経とうとしていますが、私たちも、子どもたちも、この非常にゆがんだ関係のなかで、ゆがんだ関係こそがもたらした、人権が制限されている状況になっています。すでに亡くなった1世、2世の方たちは1世紀もたって私たちがこんな思いをして暮らしているとは思ってもいないと思います。生活水準は相対的には向上したかもしれませんが、置かれている状況はどんどん厳しくなって行くことを想像し得ただろうかと思うのです。私はいろんな方の相談を日々受けています。正直言っていい仕事がしたいというのが本音ですが、在日を取り巻く状況が非常に厳しくなればなるほど、在日の苦しみはもっともっと苦しくなっているわけです。そのなかで在日朝鮮人の人権とくくってしまうと見えなくなってしまう、高齢者の問題とか、あるいは女性の問題などをきちんと問題化をして、在日同胞社会にも日本社会にももっともっと顕在化して行く。そして、個別の生活支援活動を行いながら、私たち在日コリアンならではの相談援助技術のようなものを体系化して、この日本社会に問いかけたいと思います。

前田 同じ日本社会で生きる一般市民として、朝鮮人が日本人に願うことは多いですよね。

金 もう一つの、私たちが一般市民のレベルでということですが、やはりあまりにも出会いが少なかったのかなという気がしています。私も日本の学校で育って

きたので、ずっと日本の人たちに対して違和感もなく友人も多いのですが、そういうお互いの存在、文化も含めてどのようにして理解し合おうとしてきたかと言うと、やはり避けてきてしまったと言うのか、触れずにきたと言うのか。もっともっとお互いの立ち位置をしっかり確認する作業をあまりにもしてこなかったのかもしれないなと思っています。

　正直に言うと、いつも日本の人たちに呼ばれて私たちの現状を私たちが話さないと、日本の人たちはわからないんだなと。何で日本の人たちからわかろうとしてくれないのかなというような思いもしてきました。逆に、私たちがどれだけ日本社会に広くアピールしたり、身近な友人に伝えながら共感を生んで行く努力をしてきたかと言うと疑問視する部分もありますので、もっともっと出会いながら、もっともっとお互いにわかり合う作業を地道に続けて行くしかないという気がしています。

差別と闘うエネルギー

野中広務の「遺書」

前田 今日は、辛淑玉さんにインタヴューさせていただきますが、先制攻撃型の辛淑玉さんですので、話がどこに行くかわかりません（笑）。そこでまず、近著『差別と日本人』についてお伺いします。

辛 この本は、正直に言って、どんな形でもいいから手にとって読んでもらいたいと思います。人前でこういうふうにしてこの本のことを話すのは今日が2回目くらいで、あまりこの本についてお話ししたことはないのですが、私はこの本は「野中広務の遺書」だと思っています。

　まず、この本を書きたいきさつをお話しします。編集者から「次は誰と対談したいですか」という話を2〜3年前にいただいて、「野中広務さんと話したいな」と言いました。その時は、まだ野中さんと直接の面識はありませんでした。でも、例えば、私が、新宿でさまざまの在日外国人と日本人のふれあいの場をつくるために「多文化探検隊」を開催した時にメッセージをお願いしたら、自民党のなかであの人だけはメッセージをくれたんです。

　それから、在日の戦中・戦後の歴史をちゃんと紐解きたかったんです。私は「下から」というと変な言い方ですが、いわば筵の上で闘っていますよね。野中さんは権力の中枢、自民党の中枢にいて、はっきり言って叩きまくってきた人ですよ。だから、何でこの問題で

辛淑玉さん
[しんすご]

人材育成コンサルタント。民族差別撤廃・多文化共生などを追求する人権活動も行う。2003年、多田謡子反権力人権賞受賞。著書として、『怒りの方法』(岩波新書、2004年)、『となりのピカソ』(愛媛新聞社、2004年)、『せっちゃんのごちそう』(日本放送出版協会、2006年)、『ケンカの作法』(角川書店、2006年)、『悪あがきのすすめ』(岩波新書、2007年)、『怒らない人』(角川書店、2007年)、『差別と日本人』(共著、角川書店、2009年)など多数ある。

はこういうことをしたのかとか、どうして根っこのところから朝鮮人を排除したのか、といったことを知りたかった。「私は現場から、あなたは上から」、その目線で1個ずつ確認していきたいというのが私の希望だったんです。なぜなら、在日が日本社会のなかで在日自身の歴史を勉強することはほとんど不可能なんです。だからそれをまとめて行きたかった。

かなりの時間をかけて、野中さんに手紙を出しました。時間がかかったのは、まず彼に関する本を全部読み切るのが大事だと思ったからです。でも、申し訳ないのですが、偉人伝みたいな本ばかりなんです。かろうじて、魚住昭さんの書かれた『差別と権力』(講談社、2004年)があります。だけど、魚住さんにも申し上げたんですが、そこには野中さんがどういう差別を受けたのかは書いてあるけれども、差別を受けた野中広務がどのように感じたのか、どう思ったのかが1行も書かれていない。

「野中本」は全てそうなんです。つまり、野中さんがどう感じたのかは誰も書いていない。なぜ野中さんを選んだのかというと、単に自民党幹事長だったからではなくて、彼が被差別部落出身であり、マイノリティの気持ちが理解できるからなんです。要するに、彼なら「言葉が通じる」と思ったんですね。どんなにいいことを言っていても、言葉が通じない人はいっぱいいますから。

それで、たまたま仕事でご一緒した時に、「あなたと対談したいので、1度手紙を書きます」と言って、正直にそのまま書きました。「私は朝鮮人として、あなたは被差別部落出身で頂点にまで登りつめた政治家として、話をさせてもらいたい」と。すぐにOKという返事がきました。とても早かったです。「いいですよ」と。ただし、「あなたの期待に応えられるかどうかわからない」ということは一番最初に言われました。そして対談の初めに彼が1度だけ言った言葉は、「もう自分の出自をほじくり返されるのは、家族も含めて本当に2度とやりたくない。そういうふうにして家族を傷つけてきた」と言うのです。そうですよね。あれだけの有名人ですから、家族はむちゃくちゃにされますからね。だからそれだけはやりたくないというのが、最初のメッセージでした。私も、別に野中さんの出自をぐちゃぐちゃするのが目的ではなくて、私自身の歴史を整理したかった、なぜ日本政府はこういうことをしたのか、ということをどうしても整理したかったんです。

ところが、東京でやったり京都でやったり、1回で数時間の対談を7〜8回ほど、かなりの時間をかけて話をしたのですが、私の力量が足りないこともあって、話が噛み合わないのです。彼はいつも質問に答える形で、向こうから興味を持ってこちらに聞いてくることはなかった。そして、在日関係の細かい話になると、返っ

現代人文社の新刊書籍

ご注文は……
○URL http://www.genjin.jp

福島菊次郎

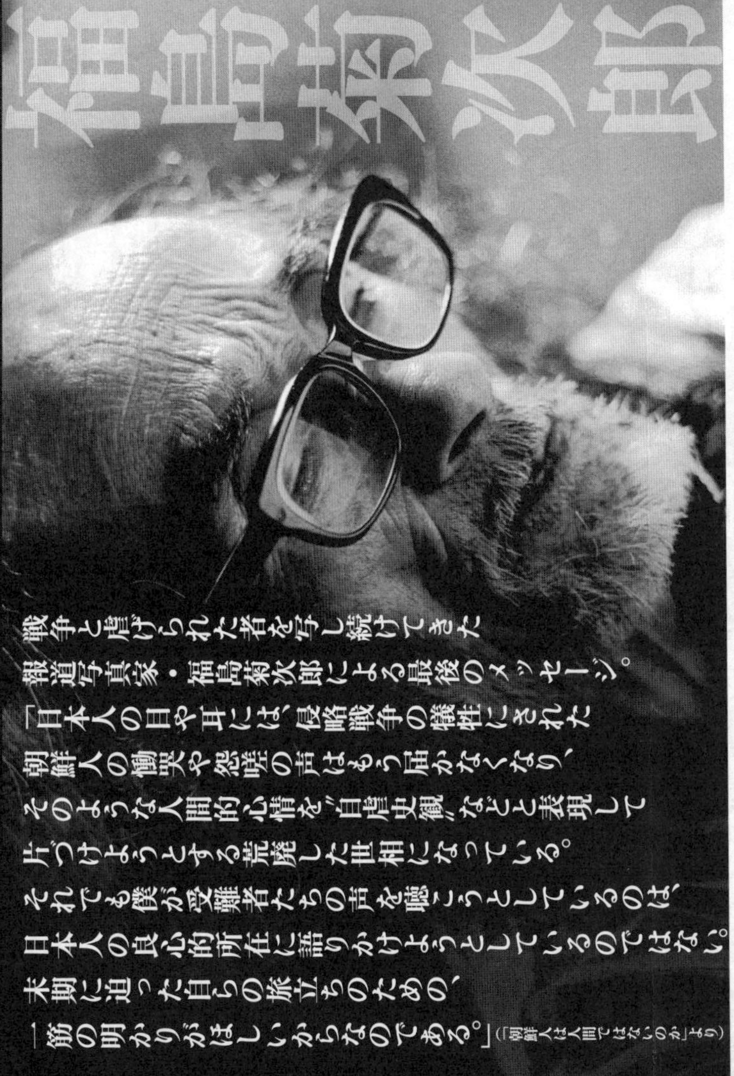

伝説の報道写真家・福島菊次郎による戦後史親子のような人間的信頼関係を結んだ菊次郎は、晩年になって彼らの心情を語り始めたのである。「朝鮮人は人間なのだ」と。

末期日本のもっとも良心的な受難者たちが荒廃した日本から脱出し、旅立っていったからである。その声を聴こうとしない世相に耳を塞ぐかのように、片付けられるような明かりの消えた所在のない首筋に迫る。

菊次郎後戦2 菊次郎の夏

報道写真家・福島菊次郎の一写真集
85歳、菊次郎の孤独な戦後独立記
定価本体1,905円＋税
ISBN978-4-87798-262-1 C0036
2010年刊

ヒロシマの嘘 菊次郎後戦

カメラを武器に日本を撮り始めた孤独な戦争責任を問う報道写真。
定価本体1,905円＋税
ISBN978-4-87798-166-2 C0036
2003年刊

殺すな殺されるな

IV III II I 目次
祖朝鮮殺すな
国鮮な人と手さえ
人道人と手さえ
への人はとることにな
道は間でもるた戦争
でもるたこ法は変えさせないう
ない総頁400頁
定価本体1,905円＋税
ISBN978-4-87798-456-4 C0036
四六判上製

写真・遺言集
菊次郎
福島
福島菊次郎遺言集3

人生後半の戦後史
選ばれた伝説の報道写真家89歳
迷人生 戦後史の
爪痕を今一度たどっつた
時代の航跡をもう一度

シリーズ最新刊
2010年9月刊行

お様子の場合は代引き手数料200円を申し受けます (但し、書店様は除く)

電話:03-5379-0307　FAX:03-5379-5388
〒160-0004 東京都新宿区四谷2-6 四谷ビル7階

ネットメディア時代の新聞新生

北村肇 著

現代人文社の新刊書籍

新聞崩壊の危機を超える最善策を提示！

新聞関係者は長い間、新聞は「読まれている」「客観的・公正である」と思い込んできた。結果、信用は失墜しウェブに負けた。

誤解と錯誤をしてきた「新聞の危機」をやり越え、メディアの主役に返り咲くために新聞が崩壊の危機を乗り越え、メディアの主役に返り咲くために必要な条件と経営再建策を提言する。

第1章 事実——ビジネスモデルは崩壊している
- 「ペンよりもパン」
- 誤報・広告の大幅な大減少
- 自らの首を絞めた詐欺的商法
- 「大本営広告」
- 意識調査にも表れた「新聞の危機」
- マーケティング戦略が襲った激震
- ネット参加だけでは無理
- 新しいビジネスモデルの姿

第2章 誤解——業界の「常識」は非常識
- 誤解1 「新聞は国民すべてに読まれている」
- 失敗1 購読者の情性に頼った商売
- 失敗2 "影響力"
- 失敗3 読者への迎合
- 誤解2 情報の垂れ流し
- 失敗4 ネットユーザに対する閉鎖的な態度
- 失敗5 「ネットVS新聞」の迷信
- 誤解3 「新聞は客観・公正」
- 失敗6 客観だけでは無理
- 失敗7 主観(直感)を恐れた
- 失敗8 主張しない
- 失敗9 立ち位置の間違い
- 誤解4 「速報記事でスクープ」
- 失敗10 スクープ
- 失敗11 権力との癒着
- 誤解5 記者クラブは諸悪の根源
- 失敗12 特権にあぐら
- 誤解6 「新聞は権力ではない」
- 失敗13 "権力者"としての意識がない

第3章 提言——新聞新生のために
- 新聞新生への道
- 職業意識に目覚めよ
- 社内民主主義の実現
- 事なかれ主義を排せよ
- 第三者の目
- 市民記者との連携
- プロのフリーランスとの連携
- ビジターになる
- 有用な人材の確保
- ナビゲーションの確立
- 「ニュースジャーナリズム」の日本語化
- 地方紙の可能性
- 真の目的とは何か
- 新しい……

北村肇 著
「週刊金曜日」編集長・元新聞労連委員長

●1952年8月生まれ。74年毎日新聞社入社。95年「週刊金曜日」編集長となる。04年毎日新聞社退社。現在、「週刊金曜日」編集長。
●著書に『新聞記者をやめたくなったときの本』(現代人文社)、『「新聞記者」という仕事』(KKベストセラーズ)、『新聞記者になるには』(ぺりかん社)、『モテる男の技術』(KKベストセラーズ)など。

定価●1785円(税込)
四六判・並製・172頁
ISBN978-4-87798-448-9
C0036
2010年6月発売

〒160-0004 東京都新宿区四谷2-10
WEBよりご注文ください→ http://www.genjin.jp

てくる回答のほとんどが「知らなんだ」でした。

　つまり、自民党の中枢にいた人たちが色々な施策をやろうとする時、意識のなかに有権者である日本国民は入っています。でも、在日、要するに日本国籍がない、排除されている、外国人とされた旧植民地出身者──その人たちのことまで政権与党が意識のなかに入れて何かを考えて行ったということは1度もなかったのだ、ということがわかったんです。当たり前のことですが……。

　つまり、悪意を持ってやったというレベルではなくて、そもそも意識のなかにない。「忘民」──忘れられた民だったわけです。全ての問題が、彼らの意識のなかには存在していないわけです。だから、野中さんに「この問題は？　あの問題は？」と聞いても、「え、知らなんだ」、「あ、知らなんだ」で終わったわけです。

　最初、編集者はそれでもこのまま本にしましょうと言いました。というのは、すでに7～8回京都にまで行っていて、私と編集者とインタビューをまとめる人とか合わせると3～6人の所帯で何度も往復したわけです。交通費もかかっています。それで本が出なかったら責任問題です。それで、私も仕事が忙しかったので、編集部に頼んだんです。「野中さんが生まれてからいままでの間の話を全てまとめてください。年代別に。その間を、私が彼の言葉をどのように受け止めたのかという形で足して行きます」と。要するに、当初目的としていた話以外の部分の対談ですよね。どんな本になるか想像もつかなかったんですが、まず編集部でまとめてもらって、それに対して私が一つずつ自分の思ったことを挟み込んで行ったんです。なぜ「国旗国歌法」（日の丸・君が代法）を通したのかと、それに対する私の思いとか、色々なものをサンドイッチする形でまとめて行って、気がついたら部落差別問題の一気通貫みたいな形になっていたわけです。

　でも、これはアンフェアでしょ。最初は朝鮮人問題でお話をさせてください、と言っていたのに、まとめてみたら部落差別問題で最初から最後まで終わってしまうというのでは。しかも、本人が一番やりたくないと言っていたことですよ。

　それで、私はできたものを野中さんに見せる前に、まず説明に行くと言ったんです。そうしないと、自分からお願いしておいて、相手の嫌だって言っていた出自を書いて、それに対して論評するなんていうのは、一番やってはいけないことですからね。編集部は困惑しました。「そんなふうに前もって言ったら、余計騒ぎが大きくなって、野中さんはやめるって言い出すかもしれない」って。それでも、一人で京都に行きました。「済みません」って謝りました。「申し訳ない」と。

　野中さんとの対談をまとめるにあたって、部落差別に関してかなりの量の資料を読み込みました。いままでもずっと自分の目の前にいた部落の友だちでも、そ

辛淑玉　　115

れを読んだ後に会うと、全然違う感情がわいて来る。「知る」っていうのは、本当に知るっていうのはこういうことかと思いました。だから、なんか野中さんの顔を見たら涙が出てきちゃって、「本当に済みませんでした」って言ったの。「せっかくインタビューしたのに結局まともな取材ができなくて、ちゃんと聞き出せなくて、そのままでは本にならなかったから、こういう形になりました」と言ったら、野中さんはその時も小さな声で「家族が傷つくのがね、これ以上は嫌なんだ」って言ったの。そして、一応原稿は見ると言ってくれました。その時、野中さんに「読んで嫌なところは全部カットしていいし、この本を出さないという判断でも全く問題ありません」と言いました。「本が出なかった時の全ての責任は私がとります」って言ったんです。

　その後、原稿を受け取りに行ったら、いまでも自分のなかで胸がかきむしられるような感じがあるのは、1行も、1文字もカットしていなかったんです。野中さんがチェックを入れたのは、例えば、福田康夫元首相（第91代首相）のことを「福田君」と言ったのを「福田さん」にしたとか、そういう自分が話したところの敬称のところなんです。思えば、野中さんは対談の最後に私の顔を見てこう言ったんです。「済まなんだ」って。「権力の座にありながら、何もしてあげることができずに済まなんだ」っていう意味で。

　私はこれまでいろんな野党の議員に会ってきましたが、「済まなんだ」って言われたことは1度もない。「申し訳ない」って言われたことも1度もない。かわいそうな、保護しなきゃいけない朝鮮人だから俺が助けてやろう、みたいな、高みに立った意見はたくさんありましたけど。実際、少数だから、助けてもらわなかったら、大多数から気がついてもらわなかったら、やっぱり助かりませんからね。そんななかで、野中広務が「済まなんだ」って言った時に、自分のなかでハラハラハラハラこぼれ落ちるというか、くしゃくしゃになる感じがあったんです。

　本当に1行もカットしてなくて、その時に私は、野中広務は、最後は自分をまな板の上にのせて、「俺を料理しろ。料理して、いままで手の届かなかったマイノリティのために切り刻んでいいぞ」と言ったんだと、そう思ったんです。

　だから「一つだけ追加して質問させていただきたいことがあります」と言いました。野中さんが首相になる可能性が出た時に、自民党議員（後に第92代首相）の麻生太郎が「部落民を天皇の前に出していいのか」と言ったという、あの発言です。部落解放同盟などがそれを糾弾しようと思って、何度か本人に確認したようです。けれども、野中さん自身がそのことについてはっきりと語ることがなかったんです。政権のなかにいたってこともあるでしょう。結局裏がとれなかった。でも私

が、「麻生太郎がそういうことを言ったんですか」とストレートに聞いたら、その時の状況をダーっと彼が話し始めた。

　私はこれは、ちょっと言葉が悪いんですが、「これで撃て」ということだな、と思ったんです。「野中チルドレン」というのもおかしいですが、私がそういうものになった気持ちでこれは全部受け止めて、この言葉でしっかり政権を斬ろうと思ったんです。後で、事務所の顧問の人が私にこう言いました。「この本がもう2年早く出ていたら、麻生政権はなかった」って。

　もちろん出た後は、それはすごいですよ。野中さんの出自もまたほじくり返され、孫まで叩かれ、ネット上ではやりたい放題です。反響が大きかった。

前田　私が見た最新の本の帯には37万部と書かれています。

辛　そうでしたか。どのくらい売れているのかは知りません。ただ、野中事務所にいままで対談などの原稿のゲラが届くと、野中さんがさっと見た後に事務所の人に「はい、よろしく」だったらしいのです。だけど、今回はご自身でじっくりと見てくれたようです。おそらく事務所の誰にも見せずにだと思います。嫌なところもたくさんあると思います。というのは、私は相当正直に自分の気持ちをぶつけました。はっきり書きましたので、野中さんにとっては辛いところもたくさんあるでしょう。でも、それでも1行も拒否せずに受け止めてくれた。

　ご家族に対するバッシングがネット上でもとてもすごくて、悲鳴があがるわけです。いろんな経緯のなかで、私のほうが耐えられなくなりました。半分泣きながら野中さんに電話をして、「絶版にしましょう。もうこれ以上は止めましょう。人を傷つけてまで出す意味はないと思います」と言ったんです。そしたら、受話器の向こうで野中さんは「私も心を決めて出した」と言いました。私は、受話器を持ったままワーワー泣くわけです。自分がやったことで人が叩かれていると思うだけで嫌じゃないですか。辛いんですよね。孫って言ったらまだ10代か20代です。その子があんなふうに叩かれていると思うとためいきついてしまいます。そしたら野中さんが「あんたの気持ちはわかっとるから」って何回も言うわけです。

　たしかに、政治家として彼のやってきたことは私にとって許せないこともたくさんある。なぜ国旗国歌法をやったのかということのごく一部を、今回の取材で理解することができました。それはまた後でお話ししたいと思います。そんなこんなで世に出た本です。ですから、ぜひ皆さんに読んでいただきたいと思っております。

「知らなんだ」——朝鮮人は意識の外

前田 みなさんいまのお話を聞いただけで、ここに来た意味があったんじゃないでしょうか。いま出たなかに、いろんな論点があります。とても大切な話をしてくれました。「知らなんだ」の部分と「済まなんだ」の部分が、それぞれとても重要な問題をはらんでいます。

　まず、「知らなんだ」のほうから入って行きます。先ほどのお話のなかでだいたい見えたんですが、日本の政治家、保守派の政治家にとっては、在日朝鮮人の存在は視野の外にあって「知らなんだ」。それはそうだろうなと思うんですが、いつから「知らなんだ」の世界に入ったのかなと少し考えてみたいんですけれども、やはり「外国人登録令」が最大の転換点で、あれは全部、官僚がつくっていますよね。

辛 そうですね、昭和天皇の最後の勅令として出された外国人登録令は、官僚の巧みな計算によって見事に朝鮮人が排除された成功事例の一つですね。もう一つは日本国憲法です。憲法の保障するあらゆる権利から朝鮮人を排除する。そしてその一つの形として、朝鮮人を「外国人」一般の枠組みのなかに入れる。日本の官僚というのは優秀だと思いました。

前田 官僚が仕切って全部やっているのと同時に、1946〜47年の段階、当時の自由党と民主党がまだ保守合同していない、その時点で政治家がいまほどの官僚制じゃなくても、当時の官僚をコントロールするという発想すらない、いわば戦後の混乱期に官僚のほうはきっちり見通して、日本の官僚が考える国益に沿って、在日をきれいに切り捨てるということを速やかにやった。

辛 ただ、政治家のなかにも「植民地支配はいいことだった」といった発想は延々と流れていましたから、基本的には思いは一緒だったのではないかと思います。当時の人たちは目の前で朝鮮人を見ていましたし、叩いていましたから、保守であってもある種の心の痛みがある。けれども、それは単なる心の痛みであって、対等な人間として扱う、といったレベルまでには達してなかったのだろうと思います。

前田 当時の政治家の具体的なイメージがなかなかわからないんですね。日本国憲法制定が決まった第80回帝国議会というのはまだ貴族院も噛んでいた。つまり戦前の政治体制のままやっているわけですよね。衆議院のほうは一応選挙が行われて、戦後選ばれた政治家で、特にそのなかには39人の女性議員が日本で初めて生まれたのですが。

辛 同時に、朝鮮人の男の選挙権が剥奪されました。

前田 その時に女性議員は国会でほとんど活躍していなくて、隅に追いやられて座っている。当時の議事録を見ても、戦前から引き続いて仕切っていた日本人男性たちがほとんどやっているわけです。

辛 全て男ですね。

前田 それと、官僚たちの関係がどうだったのか。具体的な知識がないのでよくわからないのですが、おそらく官僚主導、官僚先行で「外国人登録令」をつくったと思います。しかし、最後の天皇勅令で出すということになれば、やはり一定程度、政治家の主流派には了解をもらっていないとできないと思います。データの根拠がないので推測だけですが、おそらくそういう政治家たちはいたはずです。それ以外の政治家たちは全く何も知らないうちに物事が動いているということがあったのだろうと思います。ただ、それが一部とは言え、当時の日本社会のある種一般的な意識でもあったのかもしれないと思うのです。そこから野中広務氏が政治家として登場する時期まで、おそらく保守派の政治家のなかではそのことがほとんど話題になっていない。

辛 そうですね。話題になるとすれば、犯罪者予備軍としての、管理の対象としての外国人ですから、いかに治安を守るために朝鮮人を管理するのかという意識のなかでは存在しただろうけれども、一緒に生きている住民だとか、ともにこの社会を担っている人としての認識は、いまでもないと思います。

前田 治安管理の対象は、外国人登録令、後の外国人登録法で常に言われてきたことですけれども、そういうきれいな言葉で言うよりは、石原慎太郎東京都知事が言うような、いわゆる「第三国人」の発想ですよね。それが特に石原都知事の場合、わかりやすい形でストレートに出てきて、全く変わらずに残っている。いま「変わらずに残っている」と言ったのですが、もちろんいろんなところで、彼らの意識のなかでも変わっていると思います。何も変わらずにということはなくて、根っこが同じだけれども、日本の社会、日本の歴史のなかで変遷しながら再生産されて、またいま新たに「第三国人」という決めつけ方が再生産される。あるいは、同じく石原都知事が、政治学者の姜尚中さん（東京大学教授）に対して言った「変な外国人」、そういう言い方です。それが一体何であるのか。石原慎太郎という特異な「文学者」にして政治家の固有の問題ではなくて、私たちの日本社会に一定程度根付いている社会的意識のなかに、「第三国人」あるいは「生意気な変な外国人」——こういうものの見方というのはどこかにある。私も「在日朝鮮人・人権セミナー」とか言って、仲間と人権擁護活動をやっていますが、やはり日本社会に生まれ育ってきた私たちのなかには、そういう意識がどこかで刷り込まれている。

そのことを自覚して自分自身を問う。そういう姿勢がなければ、いつの間にか「石原慎太郎」になってしまいます。

辛 朝鮮人などの外国人が意識の外にあるのは、政治家だけではなくて、日本社会全体がそうなんです。マスコミもそうですね。世界のどこかで飛行機事故や災害が起きた時に、ニュースの最後に必ず「日本人には被害はありませんでした」みたいなことを言う。特に情報収集したわけではないのでわかりませんが、基本的には大使館で把握していることをマスコミが流していると思います。国民国家の枠のなかにありますから、出入国の管理を含め、それはやはり国の管理になって、とても難しいですよね。私がどこかへ行って死んだら誰も教えてくれないな、と思うんですよ。NHKの職員研修をもう何十年もやっているのですが、そんな話を何回もしてきました。何回もしましたが、全く反映されない。だから、言い続けなければならないことなんだろうなと思います。

実際に、一つ大きな事件としては、1996年のペルー日本大使公邸人質事件です。フジモリ大統領の時に、反政府勢力、抵抗勢力と言われた人たちを全部殺して、その後に人質解放をした。その人質のなかに在日韓国人一世がいました。彼は日本人の人質の数に数えられてなくて、日本の報道のなかに出てこない。国籍が韓国だというので韓国の報道のなかで出るわけです。その後回りまわって、在日だ、永住権がある人だということで、改めて少し出てきて、これでいいのかと問題にされました。

だけど、もしニュースのなかで、「日本に在住している人を含め、現在確認できている人は◯名です」という言い方をしてくれたら、たぶん多くの在日の子どもたちの生きる力になると思うんです。1989年、北京で天安門事件があった時に、日本大使館は安全確保のためにすぐバスを派遣して、北京大学の前で、「日本人の学生はいますか。日本人の学生はいますか」と言って、日本人の学生たちをバスに乗せた。その時、一緒に在日の子たちも乗り込んだんです。何が嬉しかったのかと言ったら、在日の子を排除しなかったことです。その後、人づてに、その時バスに乗った子たちの話を聞きました。韓国語はできない。でも国籍は韓国です。その子たちが助けを求めるところは、日本語のわかる日本大使館しかなかった。大使館の車が来た時に、何の迷いもなく大使館の車に飛び乗ったと言うんです。もしあの時に、日本人ではないということで排除されていたら、あの子たちは一生心の傷を負っただろうと思います。

だから、その意味でも、コメント一つメディアで流れるだけで助かる人たちがいるのだということは、これからも伝えていきたいと思うし、テレビ局にファッ

クスで送っていただければと思います。メールは、ほとんどテレビ局は相手にしません。電話とファックスはとても力になります。5本ファックスが入ると変わります。批判する時だけでなく、いいと思った時もファックスを送ってあげたり電話をしてあげたりすると、すごくその人たちの力になります。だから、育てて行くという形に行動様式を変えて行くといいのではないかなと思います。

野中さんが「国旗国歌法をやった」理由

前田 国旗国歌法ができた時のことをもう1度振り返っていただきます。1999年ですね。その後、国旗国歌法によって、教育委員会の圧力が異常なものになっています。いまの卒業式は、壇上に生徒の作品を一切飾ってはいけない、国旗だけだというふうに、ものすごく「厳粛さ」のなかで進められる。一人ひとりの生徒が大切にされない状況があって、特に起立しない生徒がいると、「立ちなさい」と3回マイクを使って言うというふうに東京都教育委員会が言っている。こういう状況について、野中さんは、いまどういう思いでいるのか。ある雑誌で、野中さんはそこまで強制することになるとは思わなかったという発言をしていたようですが。

辛 野中さんに「なぜあなたが国旗国歌法をやったの」とは本のなかでも聞いています。彼は色々と説明していたのですが、私は「小渕は汚い」と言いました。小渕恵三(第84代首相)にとって、あの時の国旗国歌法案の最大の敵は部落解放同盟の広島支部ですよ。そこを叩けばなんとかなると思っていたわけです。広島には、小森龍邦さんという部落解放同盟の重鎮がいるわけです。これは「広島原理主義」というくらい、「左の左」という感じで、何とも言えないくらい原理原則主義なんです。一歩も譲らない。そして、最後まで徹底抗戦をしていた。そこを潰すことは容易ではないわけです。小渕さんは「野中ならできる」というふうに思ったんだと思います。私は「そこに小渕さんの底の見えないほどの差別意識を感じる」と言ったんです。「部落民を使って部落民を叩くという、このやり方はとても汚い」と野中さんに言ったんです。彼はそれに対して「小渕さんはそんな人じゃない」ということをぽつりと言いました。

私は、小渕さんが意識していたかどうかはわからないけれど、やっぱり野中さんならできると踏んだんだと思います。野中さんは一貫して、部落解放同盟の利権の部分を叩き切ってきた人ですよね。私もそうなんですけど、内的緊張が高いんですよ、マイノリティって。例えば、部落の住宅というのは、それまで部落の

辛淑玉

人たちだけ100％住んでいたところが、市営住宅になって一般の人が住むようになると、ぱっと見た瞬間に、いま「一般人」50％と部落民50％とか、わかるんです。なぜわかるのかというと、汚れ方が違うんです。部落の人が住んでいるところは、朝行くと、5時くらいから掃除しているんです。「おばちゃん、何しているの」と聞くと、「きれいにしてないと差別されるからね」と言うんです。「部落民は汚い」と言われて差別されてきた歴史があるから、クモの巣とかが一切ないんです。共同の郵便受けにチラシがあって汚れたりしていると、他人のものでもちゃんときれいにする。「部落民は汚い」と差別を受けてきた歴史があるから、いつもきれいにしておかなければならないという、何とも言えない、こみ上げてくる不安があるんです。

　野中さんは大正生まれです。彼が生きてきた時代は、きちんとしていれば差別を受けないというふうに言われてきたわけです。むちゃくちゃな差別のなかで、きちんとしていなければいけないんだ、少しでも社会に反することをしたら差別を受けるんだ、ということを身にしみて感じているんです。

　そういうふうにして「いい人」になろうとする部分は、私のなかにもあるんです。例えばテレビに出たら穏やかに話すとか。朝まで生テレビに出て「こらぁ！ボケー」とかやると、日本人は「あぁ、朝鮮人は感情的だ、ヒステリーだ」と言うと思うから、ものすごく抑えるんです。

　同じようなことは生活のなかでもあって、例えば、以前、博報堂に務めていた時、金曜日になると「今日は焼き肉が食べられる」と思うんです。焼き肉を食べてキムチを食べるとニンニクの臭いがするじゃないですか。朝鮮人がニンニク臭いって、もうそれだけでアウトだと思うんです。だから、月曜から金曜までは日本人のふりをして、金曜の夜にキムチを食べて、土日でにおいを消して、また月曜日から日本人の生活をする。全く意識していなかったんです。自分で意識しなくても、金曜日はキムチが食べられると思うんです。韓国に行って、朝から晩までキムチを食べているのを見て、「えー、こんなのあり？」と思って、それで初めて自分に気がつくわけです。それと同じように、野中さんも部落も私たちも、こみ上げる不安があって、いつも相手に理解してもらおうと思って、一所懸命きれいにするわけです。

　ここから先は私の想像です。本当に想像です。野中さんとの対談で話したわけではありません。あの時、広島の世羅高校で校長先生が自殺した。追い詰めたのは部落解放同盟だという話が出てきたわけです。野中さんの政治的手法は「もめごとの処理」です。そこにその情報が入ってきて、前日までは小渕さんは国旗国

歌法を決めるとは考えていないと言っていた。でも、人一人が死んだ。死なせたのは部落民だ。私は、野中さんという人間を見ていて、これはとっさに条件反射だったと思います。すぐにこの問題を処理しなければ部落差別の嵐が巻き起こる、というふうに彼は感じたんだと思うんです。

　もちろん彼は、国旗も好きだし、国歌も好きだし、天皇も好きです。彼の思想的なものはちょっと横に置いておきましょう。けれども、あの状態のなかでものすごいエネルギーで野中さんが走った。その裏には部落差別があるんだと、私には思えてならない。あのこみ上げる不安というのを一般の人に理解してもらうのはとても難しい。だけど、ひょっとしたらやられるんじゃないかという思い、受け入れてくれないんじゃないかという思い、それが、人一人を死なせたという「事実」、しかも部落民が殺したんだという「情報」が入ってきた時の、彼の猛烈なエネルギーになった。なんとしてもこれを振り払わなければ、となった時に、あの国旗国歌法をつくるめちゃくちゃなエネルギーになったんじゃないかなと、いま私は思えるんです。

　だから、単に右翼化の流れで国旗国歌法が通ったと考えるだけでは、どうしてもあのエネルギーを理解できない部分がある。私はその一つは部落差別ではないか、こみ上げる不安のせいではないかと思います。

　そして、彼はその時に国会で言ったんです。「これは決して強制をするものではない」と。いかに政治家の言葉が軽くて、野中さんが使われただけかというのは、その後の状況を見れば明らかです。だから、一つのことを見る時に、政治的に右左で見るだけでは、わからない部分がたくさんあるのではないか。彼のこみ上げる不安の大きさが、子どもたちに「闘え」と言うのではなくて「祈っている」という言葉になるんだと思います。闘うのは自分だけで十分だ。こんなにきついんだから、なんとか頑張って生きて行ってくれ。これは在日2世が日本名で生きてきて、子どもたちにも民族名なんか名乗らないで日本名で生きて行けと言う、あの切なる親の思いと重なるなと思いながら見ていました。

朝鮮人の歌う君が代

前田　君が代という歌、日の丸という旗そのものについてはいかがでしょうか。
辛　どんな歌でも、使われてきた歴史のほうが大事だと思います。実は日本軍の性奴隷にされた人たちには、君が代を聞くと懐かしいという人もたくさんいます。生きてきた時代と時間と自分の人生にともにあった歌。それに対する思いが、

辛淑玉

被害者であっても加害者であっても、辛い体験のなかであってもそれがあるというのは事実です。

　ただ、同時に、それは一つのトラウマでもあるわけです。血の歴史のなかで、例えば韓国にあった処刑台、処刑される人たちが座らされる目の前に日の丸がありました。日の丸の旗の下で人が殺され、日の丸の前で自分たちの心が壊され、君が代によって抑圧されてきた体験——その事実を思うと、元々は意味が違っていたとか、そんなふうに使われたのは一時のことだ、などとは割り切れない。そんなふうに仕切り直しができるのは、それによって傷ついた人たちが全て癒されるだけの謝罪や反省や、2度と繰り返さないという日本社会の保証や、昭和天皇を犯罪者としてきっちりと裁くことなどができてからのことです。天皇は当時、陸海軍の総責任者ですからね。そういったことがあったうえでのものでない限り、おそらくレイプを受けた人たちのトラウマと同じ、というとなんかひどい言い方になりますが、それは言葉にならない思いがあるんだろうと思います。

前田　日本軍性奴隷制被害者のハルモニ（おばあさん）が日本で証言するために空港に行った時、飛行機にデザインされた日の丸を見たとたんに全身が固まり、鳥肌が立ったという話を聞いたことがあります。

辛　タイで、とても面白い話がありました。正確な単語は忘れましたが、例えば「ボッコンタランバー」と言うと「一人のアホ」だとします。「ボッコンタランチー」と言うと「一人のアホな日本人」になる。二人の時はどうなるかと聞くと、「バー」とか「チー」を数だけ繰り返して行くそうです。そこで、本当にどうしようもない数のアホな日本人がいたらどうするのか聞いたら、「チー」の部分を「君が代」のメロディに乗せてみんなが歌い始めたんです。「ボッコン、タラン、♪チ〜チ〜チ〜〜チ、チチチ〜チチチ〜」。のけぞりましたよ（笑）。つまり、彼らは日本人が全く感じていない感覚をあの歌に対して持っているということです。たとえ自分が好きな歌だとしても、他の人にはどのような思いがあるのかということを想像しなければいけない歌になってしまったのだろうな、と思います。

　サッカーの試合とかで君が代を歌うでしょ。いつだったか、見ると歌っているのは在日の先輩なんですよ。最初にテレビで見た瞬間、あっと思いました。在日とか部落の人たちは、芸能界にとても多いです。歌番組では、在日が日本名を名乗って、「日本の心です」とか言って、日本の歌を歌っているわけです。しばらくしてまたサッカーの試合を見たら、また違う在日の先輩が君が代を歌っていました。えーっと思いました。その1カ月くらい後に、またサッカーの試合で別の在日の先輩が君が代を歌っていました。3人続けて在日の先輩が歌っているのを見

て、「こうやって心は殺されて行くんだな」と思いました。

　ちょうど試合で君が代を歌うようになった初めのころで、選手の肩に日の丸をかけて、「いかがですか」とかインタビューしたら、「僕は別に愛国心とかないけど、ジーンときますよね、いいですよね、君が代は」とか言っていました。私はそれをテレビで見ながら、「朝鮮人の歌う君が代は、ひとしお日本人の心に染み入るんだろうな」と思いました。

　そう思って見ていた矢先に、今度は天皇関係のイベントで、皇族の隣で万歳三唱している芸能人の何人かが在日の先輩でした。私は、この映像と、あの君が代を歌っている在日の先輩たちを見ながら、日本の社会で生きて行くためには、どんなことがあっても朝鮮人であってはならないという、踏み絵のような感じがしました。

　そして2008年、姜尚中さんがNHK紅白歌合戦の審査員をやった時は、とても複雑な気持ちになりました。うまく言えませんが、出る側ではなく審査する側に勝ち組の朝鮮人が座って、審査される側には日本名で生きている在日の先輩がいるわけです。いまでもこの気持ちは言葉にできません。姜尚中さんがどんな思いで闘ってきたのかも知っていますし。そこには、日本人には見えない映像があります。日本人には理解できない葛藤があります。同時に、日本人と同じように、あのつらい時代を生きてきた先輩たちは、とても嬉しそうに軍歌や君が代を歌います。それは、ごく普通の人の感情ではないかなと思います。

前田　「朝鮮人の歌う君が代」ですが、日本人は自画像を描けないというか、尊大なくせに自分で自律も自立もできない。だから、朝鮮人や中国人を「鏡」にして日本人は何者であるかを語りたがる面があります。日本人にとって、朝鮮人が君が代に反対する、あるいは朝鮮人が君が代を歌う。どちらでもいいんです。どちらかであれば、日本人の位置がわかる。「自分の落ち着き先がわかって安心する」のではないかと思います。

辛　戦前・戦後を通じて、朝鮮にしゃぶりついてこの社会は成り立ってきたんですね。日清戦争・日露戦争で、朝鮮を踏み台にして経済的に上がってきた。それだけではなくて、私が子どものころは韓国の軍事独裁政権をみんなで徹底的に叩いて、なおかつそれで視聴率を上げたり本を売ったりしていた。その時は北朝鮮を賛美していたわけです。今度は反対に、「韓流ブーム」だと言って韓国をうんと持ち上げて、北朝鮮をむちゃくちゃに叩く。それに飽きると、今度は「嫌韓」とか言って、韓国が嫌いだと言って叩く。その流れのなかで、姜尚中の「在日の姜さまブーム」が出てきて、一方でその姜尚中を持ち上げながら、朝鮮人の子どもた

ちは叩く。持ち上げたり叩いたり、どっちにしても自分たちのストレスの発散や視聴率稼ぎのために延々と朝鮮というものにしゃぶりついて社会が回ってきている。その旨味を忘れられないんじゃないかなと思います。叩く時は気持ちがいい、自分たちは正義の味方。しゃぶる時も自分たちの都合のいいようにやる。

　北朝鮮に対して極度にバランスが悪くなるのは、そこに天皇制を見るからだと思いますよ。最も見たくない、お上に逆らうことのできない自分の姿を見せつけられるから、ある種ヒステリックになり、北朝鮮に対してバランスを欠いて行く。永遠に朝鮮から離れられずに朝鮮にしゃぶりつき、ようやくバランスを保っているのが日本の社会なんですよね。

アメリカの影

前田　その辺り、旧植民地宗主国と被支配者側の関係において見て行くと、例えばフランスとアルジェリアの関係、あるいはベルギーとコンゴの関係。パターンとしては全く同じだと思いますね。

辛　ただ、一つ違うのは、フランスとアルジェリアにしても、ベルギーとコンゴにしても、やった側とやられた側の関係を次の世代に向けて改善して行くために、ものすごい努力をしているんです。しかし、例えば日本と韓国はそうならない。韓国はどこまで努力したんだと思うことがあるんです。ちょっと言い方が厳しいかもしれないけれど、アメリカの核の傘の下で親分同士が手打ちをして、軍事独裁政権の権力者たちは戦前も戦後も日本と一緒に甘い汁を吸って、本当の戦争被害者を救うことがなかった。

　なぜ日本がアジアの一員になれないかというと、それは旧植民地国から徹底的に糾弾されて、心の底から「やらなきゃよかった」と思うだけの反省があって、そして初めて手を取り合えるのに、そういう反省をさせる機会を韓国はつくらなかったのです。1965年の日韓条約で手を結びました。北朝鮮もおそらく、何らかの形で国交回復となれば、経済援助でまた話が終わるでしょう。だから日本社会は、「二度と戦争したくない」と思っているわけではなくて、「二度と敗戦国になりたくない」と思っているだけなんです。戦争の悲惨さを日本人自らも語ることが許されずに、なおかつ少数者もそれを糾弾することが許されない社会では、やはり差別の感覚、石原都知事みたいな感覚はずっと生き続けるだろうと思います。この社会で、息の根を止めることができないほどのしぶとさで差別が生き続けている理由は、そこにあるのではないかと思います。

前田　それは戦争被害、あるいは植民地被害を受けた側がどれだけの努力をするかという見方と、終戦後の国際環境がどうなっているのかということがありますね。つまり、アメリカの存在です。

辛　2007年にアメリカが軍用性奴隷(いわゆる「従軍慰安婦」)の人たちに関する下院決議をした時に、私はこいつらわかっているのか、と思ったんです。あの決議をするということは、次はお前がきっちり総括しろよ、となるはずの問題です。自分のところに来ない問題だったら何でも決議するんですよ。あれはGHQの戦後占領政策のなかにおいて温存されてきた課題であるし、日本を自分たちの陣営に組み込むためにお目こぼししてきたものの一つじゃないですか。それを、日本が悪いなんていうのであれば、それをやってきたおのれ、アメリカよ、お前がこれからどういうスタンスをとるのかというところまで行かないとね。そこに私は決議をした後のアメリカのこずるさを感じました。オバマ大統領のノーベル平和賞受賞(2009年)と同じくらい滑稽だと思います。

前田　アメリカのなかでの議論はそういうところには行かないだろうと思いますが、アメリカに限らず一般的に行かないだろうなと。

辛　あれは、私からするとアンフェアですよ。加害者は国境を越えている。被害者も国境を越えている。加害者というのは、直接手を下した者、それをきちんと処罰しなかった者、それをお目こぼしした者——全部加害者です。そういう視点を持たないといけないと思います。

国家を背負わない

前田　おそらくアメリカの文脈というのは、当時の「ファシズム対民主主義」が対峙する図式です。こちらは正義なわけですから、そこまで自明かどうかは別として、そういう一応の枠組みのなかで動いているから、ナチス・ドイツと日本に対しては厳しい決議をしていい。他方、アメリカのことはしなくていい。辛さんの関心からするとどうやって乗り越えて行く理屈があるのでしょうか。

辛　私は、まず国家を背負わないことが何よりも大事だと思っているんです。在日として生まれて、私はまだ半世紀しか生きていないけれど、国家を超えなければいけないなというのが、最近やっと自分のなかではっきりしてきたんです。決して国家の代理人にならないこと。

　日本人が拉致問題であんなに北朝鮮を叩けたのはなぜなのかと言ったら、やはり嬉しかったのですよ。いままでずっと戦争の加害者、加害者と言われてきて、

辛淑玉

国家の代理人になって重い荷物を背負わされてきた。だから、初めて正々堂々と、北朝鮮に対して「ふざけんな」と言える、この身軽さがとても嬉しかったんだと思います。でも、結局そうすることによって、まっとうに犠牲者とか被害者たちが救われない状況がつくられて行った。いつも政治的に利用される。「敵か味方か」ということですよね。

　例えば、軍用性奴隷の人たちを見てみると、当時、日本帝国主義の下で甘い汁を吸って、朝鮮人の女を騙した男たちには、朝鮮人の男が腐るほどいた。だから日本が加害者、朝鮮が被害者というふうに簡単には割り切れない。被害者からしてみれば、国境を越えて、朝鮮人男も日本人男も加害者だったんですよ。その時に、国境を越えて被害者と一緒にその問題を解決するためには、まず、どんなことがあっても自分の国を背負わないということだと思うんです。

　学生が「昔、日本が悪いことをしました」と謝ってきた時は、「あんたが悪いことやったの？」って聞きます。「あんたが殴ったの？　あんたが泥棒したの？　あんたが強姦したの？」って。「あんた、してないんだったら、謝っちゃいけない。あんたが謝ったら本当の加害者は逃げちゃうよ」と言います。絶対、代理人にはならない。そして、加害者にも被害者にもならずに済んだ私たちは、目の前にある被害を解決するために、加害者を特定して処罰し、被害者を救済し、再発防止をする。

　どんなことがあっても国家を背負わない。背負わないためにはどうするか。日本人は日本国家ときっちりと向き合わないといけないと思います。それは、「歴史上の加害者にさせられた被害者」として国家と向き合うことです。天皇と向き合う。歴史と向き合う。つまり、「おまえらがひどいことをしたおかげで私たちが加害者にされているんだ」という形で、歴史の加害者にさせられてしまった被害者として、日本国家と向き合う。そこで初めて国という呪縛が取れるんだろうなと思います。

知ることから始まる

前田　その問題は日本では歴史教育や歴史教科書の問題として語られるのですが、歴史教育をきちんと行えば、そういうふうに自分の国と向き合えるのか。そこのところはいかがでしょうか。

辛　まず知ることだと思います。それから、活字ではなく、当事者と出会うことだと思います。ところがここはそんなに美しい話ではないのです。当事者という

のは自分のことがわからないのです。なぜ自分は貧乏なのかとか、なぜ自分の親はこんなに自分のことを殴るのかとか。当事者は言葉にできない。けれども、当事者に出会う、そして学ぶ。学ぶところに解説者としての学者が必要なんだと思います。彼女はこういうことを思っているんだよ、とか。

　私の本をこれまで1冊も買わなかった部落のおじいさんが、野中さんとの本を買ったんです。周りの人が、「爺なにやってるんだよ、字も読めないくせに本買ってどうするんだよ」とか言ってちゃかしてたんだけど、あの爺の思いっていうのかな、部落の父が、語ることが許されなかった部落の父が、その思いを野中さんが語ってくれたんだということを、その感情がわかる人が周りに説明することによって、それはとても大きな意味を持ったんですね。爺は、ただヘラヘラ笑っていただけだそうです。でも、その思いはわかるはずです。朝鮮人の思いはなかなか朝鮮人は言葉にできません。叩かれている当事者はなぜ叩かれているのかがわからない。でも、この人は叩かれているんだということを見ること、知ること、そしてそれをきちんと学ぶこと、学者の力で人は変わり得るものだと思うんです。

前田　いま大学の授業で「女性の権利」というテーマをやっているのですが、必ず強調するのが、女性差別撤廃条約第1条のなかに、女性差別の定義があるんです。その定義のなかに、重要な言葉が一つあるんです。社会的、政治的、さまざまな観点で色々異なる扱いをする。その時に、女性が自分の権利を享受できないこと、というのももちろんあるのですが、その前に自分の権利を「認識」できないようにさせられている。これが女性差別の基本なんです。それはどこの社会もそうですが、歴史的に女性たちが自分に権利がある、男と同じように発言していいんだ、こういうふうに行動していいんだ、と知らせないことが一番上手な差別です。

辛　そうですね。相手が望んだんだというふうに思わされますね。でも、本当に学ぶというのはお金がかかります。お金がないと学べない。特にマイノリティの問題は、貧乏な人は知ることすらできない、知っている人と出会うこともできない。私も周りを見て、兄弟や親戚を見ても、経済力に反比例して差別が大きい。貧しい家ほど差別の感覚を持ちます。もちろん、なかにはそうでない家もあります。でも、やはり「学ぶ」ということは本当にお金がないとできないと感じますね。

前田　その場合、差別される側だけではなくて、差別する側も同じ状況ですか。

辛　そうですね。

前田　経済が全てじゃないにしても、経済的な要因で規定されて、一定の立場に置かれる。なおかつ、その立場であるがゆえに、学ぶことができない。知るこ

とができない状況にされる。それが積み重なるなかで、いつしか差別する側になって行く。自分で差別してしまう。しかも、その差別に気づかない。

辛　例えば、いろんな企業のコンサルティングに行きます。そうすると、哀しいことに、マイノリティの経営する会社のほうがマイノリティをよりひどく扱う傾向があるのです。自分たちがそういうふうに扱われてきたから、自分の会社の社員をどのように人間として扱えばいいのかということが、全く意識のなかにないのかも知れません。例えば、失業保険に入ってなかったりとか——大した金額じゃないし、入れれば済むことなのに、お金がなくて入れないというよりは、そういうものが意識のなかになかったりする。ひどい扱いをされてきたなかで、這い上がって店を持ったりすると、従業員に対していい扱いをする、ということを学習できない。

　だから逆にトップ企業に行くと、本当にすらっとしています。先日行ったところは、38人いるセクションだったけど、日本国籍を持っている人は2人しかいませんでした。あとは中国の朝鮮族であったり、インドから来た人であったり。そこの人たちは年収が新人で1,500万なんです。そういう企業が一方にはあって、そういうところは国境を超えているんだなと思います。その一方では、いつまでも貧しき者のフラストレーション発散の手段として差別が必要で、ムラ社会を守る団結力をつくるためにも差別が必要で、自分の心のバランスを保つという意味では、否が応でも、構造的にも、貧しいところに差別が集約されるということがわかります。

　企業で、例えばセクシャル・ハラスメントというのは、昔は人権研修のなかにありました。でもいまは、人権研修の枠ではなくビジネス・マナーに入ります。リスク・マネジメントの問題なんです。女性のお尻を触る社員が会社にいると、裁判で100％男性が負ける。男性が負けるだけならいいのですが、企業は監督責任を問われて、6割の企業が当事者の男性とは別に賠償金の支払いをしなければならない。つまり、セクハラをする男性はリスクが高い。だからセクハラをしない男性にして行く。女性のことを考えているわけではなく、お金がかかるからというだけの話なんです。そうすると、道徳の話でも何でもなく、単なる企業利益のためにこれをしないということになってくる。

前田　もともとセクハラ問題を取り上げて訴訟をやってきた男女問わず多くの弁護士がいます。被害者をサポートしてきた法律家たちは、使える法律は民法の不法行為である。その背後に労働基準法を持ってきて、職場環境調整義務を適用する。これしか法律がないから、それで押し込んで行った。意識としては人権の

問題として考えて行ったはず。ですが、判決は職場環境調整義務の論理で全て書かれている。そうするとそれを受け止めた企業はビジネス・モラルということにならざるを得ないですよね。

辛　そうですね。人権という言葉は、多くの企業には御法度ですから。そのような言葉が受け入れられる素地はとても少ない。人権で入って行くと、ほとんどポシャります。ビジネス・マナーで入って行ったというのは、それを活性化するためにはとてもよかった。それから女性自身が変わったのが非常に大きかった。女性が声を上げ始めたことのほうが、上からの企業的なコントロールよりもはるかに大きな力になったわけです。ですから、当事者にしっかりと情報を伝えて、当事者が自分の権利に気づくというのは、とても大きな力なんです。そこを奪われていると、支配する側が力を使わなくてもコントロールできてしまいますから。

　それでも、女性がそのようなことを学ぶためには、特定の企業に入っていなければならなかったりとか、そういうところに意識を持っていなければならなかったりとか、そういう人と友だちでいなければならなかったりとか、いい条件に恵まれた人でなければ、女性の人権とかセクハラの問題にしてみても、情報収集できないのです。ようやく学校で教えてくれるようになったばかりですから。いますでに大人になっている人たちは、男は技術科、女は家庭科という形で育っていますから。社会に出ると、学ぶことはさらに遠くなってしまいます。

「済まなんだ」――知らないことの帰結

前田　もう一つの野中広務さんの「済まなんだ」のほうも少しお聞かせください。実際には区別できなくて、「知らなんだ」と「済まなんだ」はつながっていると思いますが。「済まなんだ」の文脈の整理からしていきたいんですが、保守派の政治家としてこういう問題に対する対処が不十分だったということについて言っているんでしょうか。

辛　少なくとも、「済まなんだ」と言ったのは、自分が知らなかったこと、もし知っていればなんとかできたんじゃないかと思う、与党の側にいた人としての自負も含めて、そのまま放置しておいたことに対する、純粋に人間的な言葉だと私は受け止めました。

前田　そうすると、その文脈で登場するのは、部落差別であったり在日であったりアイヌであったり難民であったり、あらゆる差別が入るわけですよね。

辛　そうですね。たまたま在日のハンセン病回復者の問題とかを話していた後

だったこともあるので、その文脈のなかで野中さんは言ったけれども、ただ、日本の政治家と話していて「へー」っと思ったのは、植民地支配の清算と言った時に、台湾・朝鮮というのは頭に浮かぶけれども、アイヌを考える人は皆無ですね。驚きます。

前田　それは、アイヌモシリ(蝦夷)を北海道にしたことが植民地支配であるという認識がないですから。それは歴史学者の多くにもないです。ほんの一部、先住民族のことに取り組んでいる人たちだけです。例えば、上村英明さん(恵泉女学園大学教授)は「北海道は植民地である。植民地化をしたんだ」と言って議論をします。何のことはない、私もそうなんです。私は札幌出身ですが、屯田兵の子孫です。屯田兵って何か。ほとんど考えていない。屯田兵というのはまさに植民地支配の象徴です。屯田「兵」です。実際には武力なんて持っていないのですが、屯田兵として蝦夷地にわたって、官有地払い下げを受けました。官有地払い下げと言うけど、なぜ「官有地」なのか。アイヌ民族から全部横取りしたから「官有地」なわけで、それを払い下げてもらうということです。

辛　殺して奪ったわけですからね。

前田　それが植民地支配だという認識がないわけです。

辛　ないですね。恐ろしいと思いました。

前田　琉球／沖縄についても、ない人のほうが多い。まだ琉球／沖縄のほうが、琉球処分があり、これが琉球王国を潰して植民地にしたんだという理屈はわかりやすいはずです。しかし、蝦夷地が北海道になったことに対して同じように考えている人は極めて稀です。あるいは小笠原もそうです。小笠原だって、130年前にそこに日本人が住んでいたから日本であると言われたが、それは違うわけです。さまざまな人々が住んでいたわけです。太平洋の島の一つです。特に小笠原は欧米諸国の捕鯨船の寄航地だったところですから、白人系の人たちも当時いた。それを明治になって小笠原を日本に囲い込んで行くわけです。そういう意味では、小笠原、蝦夷、琉球、これが最初の植民地です。せいぜい言葉を変えるとしたら「国内植民地」。それから、台湾、朝鮮半島、サハリン(樺太)、そして南洋諸島(現在のパラオ、ミクロネシア、マーシャル諸島など)という本格的植民地になって行きます。ところが、普通の日本社会でこのようなこと言っても、なかなか理解されません。

辛　例えば、私の友だちで、アイヌのお母さんと朝鮮人のお父さんの間に生まれた子がいて、「俺って何人？」と言われて、「そうだよね」と思いました。もう何人というふうに国家を枠にして考えるのはやめようねって言うのだけど、彼には彼

の歴史があります。それから、アメラジアンと在日の間で生まれた子どもたち。彼らは自分たちの歴史をどのようにして理解していけばいいのかと言うと、全く無理です。本当に高等学府にいて、あらゆる専門的な知識を駆使した結果でなければ無理だと思います。

　だからその意味で知られていない、あるいはそこまで細かいことを上の人たちは知る術を持たないだろうな、と思います。だから、野中さんと話すと、「え？、え？、え？……」という感じなんです。私が「ガガガガガ」と質問すると、「知らなんだ」。また「ガガガガガ」と聞くと、「知らなんだ」。これじゃ私が糾弾しているようなものじゃないかという感じで、難しいです。

前田　一方で、日本政府は戦後ずっと朝鮮籍、いわゆる「カギカッコ付きの朝鮮籍」──日本政府の言い方では「単なる符号としての朝鮮」、そして韓国籍についてはきっちり数を把握しているんですよ。

辛　それは監視のためですね。

前田　そうです。ところが、アイヌについては調査してこなかった。日本にアイヌ民族がどれだけいるのか知られていません。

辛　東京で約1万人いますからね。

前田　2001年の人種差別撤廃委員会で、何度も質問されたのに日本政府は答えられない。答えられないだけじゃありません。「調査しますか」と聞かれても、「調査しない」と言う。当時はそうでした。いまはアイヌ民族を先住民族として認めたので、これから調査するそうです。以前は、国際舞台で先住民族の権利を主張されて、その場でも「調査する」とは絶対に言わなかった。

辛　「単一民族国家」の意識が頭のなかから抜けてないからですかね。

拉致問題へのスタンス

前田　話は変わりますが、北朝鮮による日本人拉致事件のために、国交正常化は実現せず、日本では異様なナショナリズムが噴き上がり、歴史認識問題や戦後補償問題も閉塞状況のままです。

辛　私は、拉致問題を在日に問うというのは、踏み絵なんだろうと思っています。いつもいろんなところで聞かれます。先日、講演しに行ったら青いリボンを付けている人たちがいて、何かな、と思ったんですが、講演の間1時間半、延々と「ら・ち、ら・ち」と合唱しているんです。1時間半ずっと。感動しましたよ。ものすごいエネルギーだな、と思って。

私は植民地支配の結果、日本で生活せざるを得なくなった者たちの末裔になるわけです。なかには強制連行被害者の末裔もいます。国家による拉致の被害者は国境を越えている。だから私の母親は、地村さんと蓮池さんの拉致された子どもたちのニュースを泣きながら見ていたんです。「あの子は私たちと同じだ。日本人にはきっとわからない」と言ったんです。

　ずっと日本人として、皇国臣民として育ってきたのに、ある日突然お前は朝鮮人だと言われる。ある日突然、誰かが決めて何人だと言われ、住むところも移されて行く。そこには友だちもいれば生活もあって、いままで生きてきた時間や空間があるのに。だから、自由に行ったり来たりできるようにして、行ったり来たりすることによって自分たちが選べる環境をつくっていかないといけない。そうでないと壊れてしまいます。ある日突然、「お前は日本人」「お前は朝鮮人」と言われるわけですから。

　その感覚は、実は私にはあまりよくわからなかったんですが、在日2世には拉致された人たちの子どもたちと同じ感覚があります。そう考えて行くと、あらゆるものを被害者の立場から、誘拐事件としてきっちりと向き合って、被害者を救済するためにどうすべきか考えないといけない。だから拉致も犯罪、強制連行も犯罪。この犯罪に「日本人だから謝る」ではなくて、いまを生きているあなたも私も、こうした行為を温存することによって加害者になって行くわけですから、加害者にならないために、解決できることを一緒にやるというのがいまの私のスタンスです。

前田　哲学者の高橋哲哉さん(東京大学教授)が戦後責任について「応答責任」として議論していることとつながるでしょうか。

辛　私は植民地時代の負の遺産によってここにいる。けれども、植民地時代に直接殴られたり殺されたり、泥棒されたり強姦された被害者ではありません。結果としてここにいます。そして、あなたもその時に強姦した加害者ではない。それならば、再発防止、被害者の救済、また被害が継続していまも続いているこの歴史をきっちりと清算するために、あなたも私もいま手を取り合って、加害者の特定と処罰をきっちりと詰めて行くことが私たちの責任です。あなたが謝ることが責任の取り方ではなく、私が北朝鮮の代弁者になって謝ることが責任の取り方でもないと思います。

　以前、朝鮮人に対するむちゃくちゃな暴力の嵐をなんとか止めたいと思ったので、拉致被害者家族の横田滋さん・早紀江さんご夫妻と1度お会いして、一緒に対談をしたいという話になりました。横田さんご夫妻は対談するつもりでした。

けれども、何らかの横やりが入って、それはできなくなりました。

その時、横田さんのお父さんがこう言いました。「私たちは自分の娘の問題でずっと声を上げてきた。孫に会いたい、孫に会いたくて、会いたくて仕方がない。だから、誰が何と言っても会いに行くんだ」と。そして「当時与党だった自民党の政治家が、私の顔を見て『よく頑張っていますね』と言った時、どれほど悔しかったか。あんたたちが何もしなかったからだろう。すごい悔しかった」って私におっしゃったんです。でも、翌日の記者会見では「決して会いに行かない」と言ったんです。「拉致の全面解決」と彼がマイクに向かって言った時に、ああ、国家を背負わされるとはこういうことなんだな、と思いました。

例えばお盆だとか、ご先祖のお墓参りに孫を日本に行かせてください、という言い方もできたかもしれない。朝鮮と日本は同じ習慣や文化のあるところです。旧盆であったり、墓参りであったりとか、そういったことを理由にして、相手の面子を立てながら、一人ひとりの家族の絆や親族の絆をつなぎ合わせることもできたかもしれない。でもそれが、何らかの国家の力によってできなくなるんです。なんか、これはいけないなって思うんです。そして、在日と拉致被害者や家族の人たちが敵対関係におかれる構造もよくないと思うんです。

前田 でも、日本社会は戦争・植民地加害と拉致被害を天秤にかけるほうを選んでいます。

辛 私は、こういう場ではないところで拉致のことを聞かれたら、「私に聞くな」といつも言います。「誰に聞いているんだ」って言います。「拉致されてきた末裔に対して、拉致がどうしたとか聞くな」と。「それは私に聞く質問じゃない。犯罪者に聞けよ」と。

そのスタンスを取り続けていると、「非国民」として見事に栄冠を手にします。以前、ある「反日非国民リスト」がインターネットで出た時に、大阪のある先生が第3位だったんです。それで周りの人からもとても心配されて、子どももノイローゼになって大変だと言っていたの。あまりにおかしくてげらげら笑っていたら、彼は「俺は3位だけど、お前は1位なんだぞ」と（笑）。でも、いいも悪いもないですよね。非国民でもなんでもいいんですよ。1位になったらなったで影響力ありますから、それはそれでいいことだと思っています。非国民であるということは、国家の枠に入らないということであり、人間であることの証明ですから。人間的な感性を失わないで行きたいなと思っています。

前田 改めて「非国民宣言」ですね。

辛淑玉

対等な人間関係を築くための人道支援

前田 もう一つ質問しようと思っていたことがあります。辛淑玉さんが顧問を務められているハンクネットというのは何なのかというところからお願いします。

辛 ハンクネットというのは「朝鮮人道支援ネットワーク・ジャパン（HANKネット）」というグループで、北朝鮮の赤ちゃんに粉ミルクを送っているんです。北朝鮮に粉ミルクを買えるだけ買って持って行きます。それじゃ一人しか救えないじゃないか。ちょっとやっただけで、一人、二人救ったってどうするんだって思いを持つ方もいるかもしれません。でも、いいんです。一人でも二人でも。自分たちのできることには限界があります。限界があるけれども、救える者がいたら一人でも二人でも救っていこう、つながっていこうという形で、当初、竹本昇さん（三重県下の公務員〔当時〕）らが声をあげて、いまも続いています。おそらく日本のなかで最も良心的な活動の一つであろうと思います。そして「確信犯」です。人に対して確信を持っています。2008年夏にも2009年夏にも、ピョンヤンに通っています。いまは「制裁問題」のため、粉ミルクを送るのも大変な手間がかかりますが、中国経由の船に載せて送り、自分たちも直接、向こうに行って、育児院をまわっています。

前田 1999年に発足したので、10年をこえましたね。

辛 私の家で、1カ月に1回くらいの割合で北朝鮮から中国や第三国経由で脱北してきた人たち、難民になった人たちを呼んでお話を聞いています。1959年からの帰還船に乗って北朝鮮に渡って、いま日本に戻って来ている人たちは約200名います。先日、そのなかの二人が来てくれました。一人は石川県から行った在日の男性で、もう一人は日本国籍の女性で、朝鮮人の夫と北朝鮮に渡った女性です。

　日本国籍の女性は、意外と北朝鮮の国内では「日本人妻」のほうが割と自由に移動ができると言っていました。ちょっとした犯罪でも、日本国籍を持った人のほうが軽くて済むわけです。お金があればなんとか食べていける。お金がない人たちは餓死してしまう。それで彼女は銅線を買って中朝国境で売るとお金になるので、ありったけのお金で銅線を買って、その銅線をゲートルのようにして、布を色々つくって、その間に銅線を全部縫いこんで、体中銅線で巻いて、それで中朝国境に向かったそうです。十数時間電車に乗るなかで、その電車はやはり密売する人たちで混んでいるわけです。

そのなかに一人、若い朝鮮人のお母さんがいたそうです。2歳くらいの子ども を背中におぶっていたそうですが、朝鮮の子どもの2歳は、日本で言うと9カ月 くらいです。食糧不足のせいで、子どもも小さいんです。ぎゅうぎゅう詰めになっ てるなかで、みんなが頑張ってその子のために空間をつくって、一緒に中国に向 かっていた時、その子はとってもいい子で、一度も泣かなかったそうなんです。
　ところが、検問所でその朝鮮の若いお母さんと彼女が捕まりました。泥棒は死 刑です。密売はもう少し軽いですが、かなり重い罪です。そしたら、おんぶ紐に 手をやって、その20歳くらいのお母さんがワンワン泣き出したそうです。でも、 しょうがないじゃないですか。まず最初に彼女が尋問を受けて、ゲートルからな にから全て出して、話をしたら日本人妻だとわかって、お前はこれを全部出して 行きなさいと言われたそうです。そしたら横で彼女が赤ちゃんを背負ったまま泣 き続けていて、赤ん坊も重いし、ここに降ろしなさいと言っても、彼女は絶対に 赤ちゃんを離さなかったそうです。それで官憲が怒って、机の上に赤ん坊を置け と言って、身体検査をしようとして赤ちゃんを置いたら、赤ちゃんのお腹が真っ 赤で、どういうことだと言って洋服を開けたら、赤ちゃんのお腹のなかに銅線が 入っていたそうです。お母さんは泣き続けていて、それを見ていた彼女も泣いて、 赤ん坊のお腹には入っても2キロしか銅線は入らないんです。でも、そういうふ うにしないと食べていけない。それで朝鮮の官憲たちも人間だから、それを見た 時にはみんな言葉を失って、赤ちゃんの洋服をお腹にかけて、お前も行きなさいっ て言ったそうです。
　その日本人妻がうちの勉強会にきて、泣いて、泣いて、こう言ったんです。「朝 鮮人を助けてください。朝鮮はいまとてもむごい状態です。本当に食べるものが なくて、食べられない人はむごい状態ですから、助けてください」って言ったん です。この勉強会には本当に限られた人しか呼ばないんです。後でどんなひどい ことを書かれるかわからないので。

前田　朝鮮政府が拉致問題の事実を認めた「9.17」(2002年)以後、逆風はいっそ う厳しくなりましたが、ハンクネットは全く同じスタンスで活動を続けています。 日本、朝鮮、韓国、そして在日朝鮮人も含めて、対等な人間同士の人間的な関係 を築きたいというのが竹本さんとハンクネットです。

辛　竹本昇さんとかハンクネットの人たちはその思いに人間として答えようと したんだと思うんです。だから彼らは強い。北朝鮮の人たちがどのような状態か を知っているから、どんなに北朝鮮叩きが吹き荒れても、どんなに非国民だと言 われても、筋を曲げることなく粉ミルク支援をし続けています。直接送れなくなっ

てからも、中国経由で送っています。自分たちで現地へ行って、話し合い、交流を続けています。ですから、もしできることならば、ハンクネットに少しでもいいから声をかけてくれるなり、粉ミルクの1回分を支援してくれるなり、ハンクネットの色々な集会に参加して、北朝鮮の本場の生の状況を、実際に行って支援している人たちから聞いていただければと思います。

第3部
時代に挑む

新帝国主義の時代を生きる

オバマ政権をどう見るか

前田 木村さんは、著書『危機の時代の平和学』に見られるように、現代の危機を正面から受け止めながら平和学を構築されてきました。さらに、在日米軍基地の再編問題、あるいは冤罪、裁判員制度、メディア（報道被害、情報操作）にかかわる問題など幅広く活躍されています。

今回は、「新帝国主義の時代を生きる」というタイトルを掲げています。ただ、「帝国主義」や「新帝国主義」の概念をめぐって政治学的にどう定義するとか、どう位置づけるとかいう話ではなく、大雑把に現在を新帝国主義の時代と捉えたとすると、そこにはどんな問題があり、そのなかで私たち平和に関心を持つ者が、どういうふうに考えて行動提起して行ったらいいのかという辺りで進めさせていただきます。まず、同時代をどう見るかです。21世紀になってずっと戦争とテロということが言われていますが、アメリカのブッシュ政権からオバマ政権に代わって160日が過ぎた段階ですので、オバマ政権をどう見るのか、から話を始めて行きたいと思います。

木村 オバマ政権をどう見るかについては、すでにNPJ（News for the People in Japan：梓澤和幸代表、日隅一雄編集長）というインターネット新聞の連載の僕の論評「時代の奔流を見据えて——危機の時代の平和学」のなかでも書いています。それは、「オバマ新政

木村 朗さん
[きむら・あきら]

鹿児島大学教授。九州大学大学院時代に旧ユーゴスラヴィアのベオグラード大学政治学部に留学。地域から市民が「創る平和」という視点で安保・沖縄問題を追究すると同時に、民族・ナショナリズム問題や原爆投下・核問題を研究。編著書として『危機の時代の平和学』（法律文化社、2006年）、『核の時代の東アジアの平和』（法律文化社、2005年）、『米軍再編と前線基地・日本』『メディアは私たちを守れるか？』『9・11事件の省察』（以上、凱風社、2007年）などがある。

権で世界はどう変わるのか——過剰な期待と大いなる恐れの狭間で」(第7・8・9回論評)ということで、過剰なる期待と大いなる恐れの狭間で、正反、二つの極端な評価が共存している現状ではないかと思います。私自身も、オバマ政権を全面的に肯定しているわけではありませんし、全面的に否定する見方もとっていません。その前提として、ブッシュ前政権の8年間が、アメリカ史のなかで特殊例外的なものだったとだけ見ているわけでは、必ずしもありません。ブッシュ前政権時代は、自由主義経済と新保守主義社会政策を撤廃した「ネオコン」と言われる人々によってクーデター的に乗っ取られた特殊例外的な時期であった。だから、ブッシュ大統領さえ退陣すればアメリカは元どおりよくなるんだ。結果的に共和党政権から民主党政権に代わり、ブッシュ大統領に代わってオバマ大統領になったのだから、アメリカも世界も、これからずっとよくなるであろうという見方を、そのまま受け容れるわけにはいきません。

前田 「帝国主義」に変わりはないですね。

木村 オバマ大統領自身が「大きなブルドーザーを止める、あるいは方向転換をさせるのは簡単にはできない」という言い方をしています。政治の方向性を決定するものとして、経済構造、その中核に軍産複合体と国際金融資本という国家構造というものが根底にあると思います。そこが本当に変わったのか、すぐ変われるのかという意味では非常に難しいだろうと考えます。

　冷戦以後のアメリカの基本的な流れは、「新帝国主義」、あるいは最近のはやりの言葉で言えば〈帝国〉ですか——アントニオ・ネグリやマイケル・ハートなどの議論ですが——「新しい帝国」と言いますか、アメリカを中心とした北側先進国中心の共同覇権体制を超える、国家が中心と言うよりもネットワーク権力とも言えるような、国家を超えた境界のない新しい帝国的な秩序が立ち現れつつあるのではないかというものです。

前田 イタリアのマルクス主義者・哲学者のネグリと、アメリカの比較文学者ハートの共著『〈帝国〉』(以文社、2003年)は大きな話題となりました。

木村 ブッシュ政権の8年間は、まさにその特徴が顕著な形で出たということでしょう。

前田 具体的にどのような現象でしょうか。

木村 まず「内なる憲法秩序の破壊」ですね。典型的には、「テロリスト」には人権を認めないというか、「テロリスト」と当局がみなした人物に対しては、通常の刑事被告人に対して認められるような人権を一切認めない、逮捕令状も必要なく「予防拘束」も可能だという発想です。対外的には、国際法秩序、国連憲章も否定

するような乱暴なやり方です。「先制攻撃戦略」とも言われました。その本質は、アメリカが力によってコントロールのできないような国家・体制の打倒、「予防戦争」という発想です。だから「内なる予防拘束」と「外なる予防戦争」が一体化した形で「新しい帝国主義」なり、「新しい帝国」が立ち上がってきた。1国レベルで言えば、警察国家化、あるいは戦争国家化が、アメリカ1国だけではなくて世界的規模でネットワーク化するような形で立ち上がりつつあるのではないかというわけです。

　この問題は国家中心だけで考えていては本質がわからない、あるいは見えてこない問題だと思います。ただ、国家レベルで言えば、アメリカの言語学者で思想家であるノーム・チョムスキーの言葉を借りると、世界最大の「ならず者国家」であるアメリカを中心に、世界第2の「ならず者国家」であるイスラエル、またこの両国を支えるヨーロッパのイギリス、そしてアジアの日本という位置づけになります。ブッシュ政権が「悪の枢軸」という言葉をイラン、イラク、北朝鮮に対して投げつけましたけれども、本当の意味での「悪の枢軸」、「ならず者国家」は、アメリカ、イスラエル、そしてイギリスと日本です。イスラエルは中東地域でいろんな事情で孤立しているので、新しい世界秩序の中心にあるのは、「米・日・英」の新三国同盟です。かつてといまと、「悪の枢軸」「三国同盟」の両方に加わっているのは日本だけなんですね。実は日本は、それぐらい突出した役割を、つまり、かつて以上の大きな負の役割を果たしつつあると思います。アメリカの圧力を受けて「属国」として嫌々ながら従っているという側面もありますが、現在ではそれ以上に、より積極的に、「新しい帝国」秩序のなかにおける、少なくともアジア太平洋地域におけるアメリカの副官として、積極的にその役割を買って出ているというのが基本的な現状認識です。

　オバマ政権はブッシュ政権ほど露骨な予防拘束と予防戦争というやり方を前面に打ち出していませんが、世界的規模での「テロとの戦い」の主要舞台をイラクからアフガニスタンへ、さらにパキスタンに移し続けています。そこでは、軍事民間会社の暗躍する場が拡大しているばかりでなく、アメリカ本土から遠隔操縦できる無人機を使った無差別攻撃が毎日のように仕掛けられ、子どもや女性・老人を中心とする多くの民間人を殺傷しています。

　オバマ政権で部分的に評価できるところとしては、発足直後にキューバに設置されているグアンタナモ基地の閉鎖や拷問の禁止を打ち出したことです。あるいは今年(2009年)5月のプラハ演説で核軍拡から核軍縮への方向性を打ち出して核廃絶を少なくとも長期的な目標として掲げるといった、個々の問題への対応の変

化も慎重に評価する必要があると思います。確かに、これまでのブッシュ政権とは違った新しい変化、前向きの変化が見られることは事実です。そういう意味では、ブッシュ前政権とは違うオバマ政権あるいはオバマ大統領個人への期待は私にも一方であります。しかしその一方で、やはりクリントン政権や、冷戦崩壊後の90年代から続くアメリカの外交・軍事面での基本路線は大きく変わらないでしょう。だから総合的に見て、あまり悲観しすぎることはないけれども、過度の期待は禁物だというのが、私の現状の評価です。

日本のアメリカへの従属性そして、一体化へ

前田 いまのお話のなかで、日本が負の役割を果たしている象徴的位置にあるということが述べられたと思うんですが、オバマ政権をどう見るかと重ね合わせると、時期的には、ポスト小泉政権で続いてきた、「空気が読めない」安部晋三、「やる気のない」福田康夫、「漢字が読めない」麻生太郎と続いた三代の"お笑い政権"は、ひたすら自衛隊海外派遣の方向で動き、最近は海賊対策等を名目に、ますます前につんのめっている状況になっています。日本政府についての評価も併せてお願いします。

木村 1990年代に冷戦が終結して、アメリカ主導で、まずヨーロッパを舞台に冷戦後の秩序の再構築が着手されました。アジアは後回しにされたわけです。湾岸危機・湾岸戦争、ユーゴ紛争やボスニア内戦が起こる。NATO（北大西洋条約機構）の存続と再編・強化が先行して、その後日米安保体制の見直し＝再定義に移りました。本来ならば、冷戦終結と同時に、NATOも日米安保体制も無用の長物として解体・消滅するのが当然だったのです。ソ連・東欧諸国のワルシャワ条約機構も解体されたわけですし、それまで最大の脅威であった社会主義陣営が崩壊した以上、そういう巨大な軍事同盟の必要性は基本的になくなったはずです。しかし、それがさまざまな口実で残されて、今日に至るまで延命して強化・拡大されている現状は、本当の意味での軍事的な必要性では説明できないと思います。それは基本的には軍産複合体の生き残り戦略として打ち出されたものであり、新しい帝国秩序の本質はやはり、力による資源、市場、領土支配に他ならないということを証明しているのではないでしょうか。

　そうしたなかで日本とアメリカとの関係は、単純に支配・従属の関係で戦後一貫してやってきたとは必ずしも言えません。むしろ冷戦以後、日本の従属性は、却って徐々に強まっています。一定程度の自律性と言うか、独自性は、1980年

代までは日本にあったと思います。ところが90年代以降、日本の「主体性」を掘り崩す動きが、日本の富の収奪とともに行われ、日本の本当の意味での国益を守ろうとするような人々が──これは、政治家、官僚、財界人、ジャーナリストに限らずですが──だんだんと影響力を失い、排除され、それに代わる「売国奴的新自由主義」とか「好戦的新保守主義」と言われる、従来の「親米派伝統的保守」を超えたような新しい帝国秩序に積極的に乗っていこうとする人々が、政治、経済、体制エリートの中心に居座るようになってきた。

　その象徴と言うか、画期的転換点としては、さまざまな悪法が一挙に成立した1999年の第145国会が大きかったと思います。その後に有事法制を完成させることになる小泉政権につながる流れとして。それ以後の政権は、まさしくアメリカに全面従属することをもはや従属と感じないほど一体化する政権によって運営されるようになってきています。ただまあ、オバマ政権になって少し変わる兆しがありますが……。

前田　99年国会というのは、例えば国旗国歌法や……（本書30頁参照）。
木村　そうですね、周辺事態法とか、住民基本台帳法の改正とか、盗聴法とかが成立しましたね。

　さらに言えば、日米安保の本質を捉えるキーワードは「自発的従属」です。「自発的従属」という言葉は形容矛盾ですよね。従属と自発性は両立しないはずなんですが、そうとしか思えないような実質が、日米関係、日米同盟の本質として見られる。しかし、もう99年以降の日本は、従属の側面もかなり捨てて、完全に帝国の主要部分になりつつあるというか、もうなっているようなものと見るしかない。

　日米関係で、軍事面で言えば従属という側面があるのは昔もいまも変わらないんですが、同時に、非常に歪んだコンプレックスがあったのですね。中曽根康弘元総理大臣が「米軍を傭兵として雇っている」という言い方を時々していた。これはコンプレックスの裏返し、負け犬の遠吠え的な言い方であって、やはり従属していることに対する反発、ナショナリズムがあったのです。いまの若手の政治エリートとか軍事エリートには、そういう意識はほとんどない。コンプレックスもない。そういう意味で、意識のレベルでも変わってきているのが大きな違いではないかと思います。

平和学研究者への道

前田 次に、木村さんの原点についてお伺いしようと思います。原点と言っても、いろんな意味での原点があると思いますが、今日のところは、平和研究者でなおかつ「非国民」などというテーマに呼び出されてくるような研究者としての原点はどういうところにあったのか、ざっくばらんにご紹介ください。

木村 自分の経歴を話すと長くなるんですが、高校時代から受験勉強そっちのけで政治経済とか倫理社会とかにのめりこんでいて、新聞も3紙ぐらい、近所の家にわざわざ借りに行って読んでいました（笑）。そういう社会問題に対する関心は非常に強かったと思います。また当時は、いま以上に夢見るユートピア主義的な側面がありました。僕の原点はマルクスでもレーニンでもなく、ロバート・オウエン（1771～1858年）でした。

前田 エンゲルスが、サン＝シモンやフーリエとともに「空想的社会主義者」と呼んだオウエンですね。

木村 18世紀ウェールズの社会改革思想家で、生活と労働の共同体であるニューハーモニー村をめざした人物です。著書は『新社会観』（復刊が岩波書店、2007年）が知られています。

オウエンとともに、武者小路実篤、志賀直哉、有島武郎などの白樺派に憧れたり、世界連邦とか、世界共通語のエスペラント語に憧れるというのがありました。エスペラント運動は単なる言語運動ではなく世界共通語によって平和をめざす運動です。色々回り道をして大学に入ったんですが、入学する前から少しマルクス主義の洗礼を受けまして、少しずつ変わってきたというところはありました。最終的に地元の九州大学法学部を選んだんですが、将来は弁護士か政治家になって、社会変革、革命とまでは言いませんが、世直しをやらなければならないという意識はすでにありました。

しかし、大学に入って司法試験がいかに味気ないかを知り、また、それを突破する能力が自分にはないということもあって、もっぱら歴史と思想・哲学、そして経済、特に国際経済、世界経済に向かうようになりました。大学院に行こうという発想が出てきた時も、第1志望は国際経済でやろうと思っていたんです。レーニンの『帝国主義論』やマルクスの『資本論』とかは読んでいましたけれども、そのうちに自分がやりたいのはやはりその先だなと考えるようになり、結局、国際政治という分野に落ち着くことになります。

前田 研究者志望だったのですね。

木村 大学4年時の選択肢は、第1は進学して研究者、第2はジャーナリストで、できれば新聞記者になりたいと思っていました。九州大学法学部の政治学専攻にはファシズム研究とナショナリズム研究の伝統がありまして――今中次麿先生から具島兼三郎先生、そして私の直接の恩師である石川捷治先生や谷川榮彦先生に至るまで、そういった伝統がありましたので――ファシズムとナショナリズムはかなり深く学びました。学生時代から、実はいまファシズムが復活しつつあるんだという指摘が出されていて、そのファシズムに対抗するものとしての反ファシズム統一戦線というテーマを対象とした勉強を盛んにしていました。石川捷治先生は、もともとドイツ革命とコミンテルンの研究者なんですね。九州大学を3年前に定年退職されて、いまは久留米大学の先生です。

　ファシズムとは何なのかという問題は、ナショナリズムをめぐる問題とともに、政治学の大きな永遠のテーマとしてあるなかで、現代日本の右傾化や保守化、そして戦争国家と警察国家への動き、さらに「9・11事件」とアメリカの「新しい帝国主義」の動きを見ながら今日に至っているというところです。

ファシズムと帝国主義

前田 60数年前のファシズムというのは、ある意味では1国ファシズムですよね。すでに研究をされた段階から、そういうものではなく、ファシズムが多国間、あるいは、今日使っている言葉で言う「新帝国主義」につながるような、そういう国際的な運動であると理解されていたのでしょうか。

木村 ファシズムをどう定義するか、というのは非常に難しいんですけれど、1930年代のファシズムも――現象面では1国ファシズムとして登場していたにせよ――実際は国際的なファシズム運動としてグローバルに展開していたとも言えます。現在は、30年代以上にグローバル化していますので、それこそ「グローバル・ファシズム」という言い方が現状を的確に表していると思います。この概念規定は武者小路公秀さん（元国連大学副学長、大阪経済法科大学アジア太平洋研究センター所長）が出されたものですが、このグローバル・ファシズムと「新しい帝国（あるいは帝国主義）」はどこがどう重なるのか、あるいは重ならないのかが問題になります。

前田 やはり変化したところと変わらないところがあるのでしょうか。

木村 実は僕が大学3年の時に書いたレポートが「帝国主義とファシズム」なんです。帝国主義とファシズムはどこが違うのか。簡単に言うと後発帝国主義がより

ファシズム化しやすい。ファシズム体制まで行き着きやすい。先発帝国主義は、ファシズム運動があってもなかなかファシズム体制にまでは至らない場合が多いと言えます。第2次世界大戦の性格付けも、大戦後の戦勝国アメリカなどによる洗脳・プロパガンダもあって、「ファシズム対民主主義」の闘いで、民主主義が勝利して本当によかったという話になっていますが、第2次大戦の本質はそういった側面以上に、先発帝国主義と後発帝国主義の闘いで、先発帝国主義が勝利したと見るべきでしょう。だから帝国主義戦争の本質は、第1次大戦だけでなく、第2次大戦も基本的に当てはまると思います。

前田 そこのところどうなんでしょうか。先発・後発の帝国主義観の違いが、民主主義の成熟度の違いで分岐点になるのか、あるいはすでに植民地を保有していた帝国主義と植民地なき帝国主義というところが分岐点になるのでしょうか。

木村 第2次世界大戦の要因では、世界再々分割のための戦争という意味では、先発帝国主義はすでに植民地を領有し世界市場を分割支配しているわけですから、生産力が高まってきた日独伊の後発帝国主義国が新たな市場と資源・領土を求めて既存秩序に挑みかかったというのが僕の基本的な見方です。国内体制における民主主義かどうかという問題以上に、そちらの要因のほうが大きいのではないかと見ています。その側面が戦後あまり語られなくなって、「ファシズム対民主主義」の闘いということで、勝利した連合国が「善」であって、敗れた国が全て「悪」であるという単純な見方がされているところに大きな問題があると思います。こういった視点はどちらかと言えば、むしろ右派のほうがよく強調されているのではないでしょうか。

　そういう意味では、日本の戦争犯罪人を裁いた東京裁判（極東国際軍事裁判）をめぐる評価についても、全面肯定も全面否定もどちらの見方もおかしいんです。東京裁判のおかしい側面を具体的に言えば、帝国主義戦争であった暗部のところにほとんど光が当てられていないことです。例えば、原爆投下も東京大空襲など無差別爆撃による大量殺戮も明らかな戦争犯罪ですし、先発帝国主義のほうが、後発帝国主義以上に残虐な側面——無差別爆撃をやり、挙句は原爆投下さえも行ったという事実がありますので——そういった側面が隠されているというか、軽視されているところもこれから見直す必要がありますね。

原爆神話を問う

前田 原爆投下が出てきましたので、広島・長崎の原爆投下を考える視点につい

てお聞きします。『危機の時代の政治学』を始め、木村さんの著作・論文のなかに広島・長崎の原爆投下の過程をめぐる研究があります。その辺りのことをかいつまんで説明していただけるでしょうか。

木村 そもそも僕がユーゴスラヴィアに関心を持ったのは自主管理や非同盟という内外政策にも注目していましたけれども、社会主義大国のソ連と社会主義小国のユーゴが、同じイデオロギー、体制でありながら矛盾・対立して全面衝突するに至った理由・背景はいったい何だったのか。これは、その後の中ソ対立と同じ問題ですね。社会主義大国同士の対立である中ソ対立が世界的に表面化する前の根本的な対立がユーゴ＝ソ連紛争、すなわち、1947年にスターリンとチトーの提唱でつくられたコミンフォルム（欧州の共産党情報局）からのユーゴ共産党追放でしたので、その原因は一体何なのかというのが最初の研究テーマだったのです。と同時に、連邦制と民族問題というテーマも僕の問題関心にありました。そうしたテーマ・問題をやりながら、次第に日本の問題に視点・関心が移動してきたわけです。それは、現実にユーゴスラヴィアの内外政策にかかわる研究をしながら、1990年前後の冷戦の終結とユーゴ解体、しかも内戦を伴う悲劇、また国際社会の介入、コソボ紛争でのNATO空爆とか、そういういろんな問題や時代背景・経緯を見るなかで、日米安保体制のあり方、沖縄問題と東アジア・朝鮮半島問題との関連とか、あるいは在日コリアンやアイヌの問題などが視野に入ってきたわけです。そういう現状分析と過去の歴史研究、あるいはヨーロッパにおける冷戦とアジアの冷戦が結び付く形で自然に原爆投下の問題が、自分の関心のなかに入ってきたのです。

前田 地球を1周して、改めて問題意識に浮上してきたわけですね。

木村 また、私は北九州市の小倉生まれです。小倉城のある勝山公園に長崎から贈られた鐘があって、これは長崎が小倉の身代わりに原爆の被害にあったということから、戦後、小倉から長崎に植樹とかいろんなものが贈られて、その返礼として来たものなんだよと、小さい時から親や大人たちから聞かされていました。長崎が小倉の代わりに犠牲になってくれたので自分たちは助かったのだという意識が小さい時からあって、原爆に対する意識は非常に強かったんですね。特に自分は小倉生まれでしたので、広島原爆より長崎原爆のほうに関心が強かったわけです。原爆投下に関しては、むしろ右派の人たちのほうが、アメリカによる原爆投下は戦争犯罪だ、という告発の声は強かったのではないか、そういう印象を少し感じています。

他方で、原爆投下に関しては、長崎出身の国会議員で初代の防衛大臣でもあっ

た久間章生氏が、「原爆投下は仕方がなかった」という趣旨の発言をしてかなり批判された最近の事例があります。しかし、久間さんはある意味では正直な人だなとも思うわけです。なぜなら、ああいう認識を持っているのは実は政治家のなかでも保革を問わずかなりおられるだろうし、一般国民のなかにもあのような認識というのはかなり浸透しているのが実情ではないかと思うからです。結局、原爆投下を正当化するアメリカの論理と同じで、原爆投下を日本人自身が容認するような話ですよね。

前田 「原爆神話」の骨子ですね。

木村 「原爆神話」には二つの柱があるんですね。「何のために原爆を落としたのか」という動機・原因に関する神話と、「原爆投下によって日本が降伏した」という結果・影響をめぐる神話という二つの柱からなっている。アメリカが戦後つくりだした正当化の論理としての原爆神話は、日本を降伏させるために原爆を投下し、原爆投下によって日本は降伏を決定して、それが早期終戦につながったという論理で組み立てられています。原爆を使わない場合は、結果的に、日本が降伏しないで戦争が長引き、11月1日に予定されていた本土決戦になっていれば、米兵は50万から100万人が亡くなっただけでなく、日本人はそれ以上の犠牲者を出していただろうという主張です。この原爆神話には、原爆投下の動機を正当化するとともに、日本の降伏の決定要因としても原爆投下を位置づけるという二重の構造があったんですが、これは、当時の事実関係からすればかなり疑わしいものであることが明らかになってきています。

　今日は「9・11事件」については長くなるのでお話しできません。けれども、「9・11事件」問題も追跡しているので、現代においても過去においても、権力がメディアと一体となって情報操作を行って真相を隠蔽し、そして、意図的に神話とか虚構をつくり上げて、国民の関心をそらして、その認識を歪曲させるやり方が、過去の歴史的出来事ばかりでなく現在起こっているさまざまな事件の情報伝達においてもやられているんだ、ということを非常に強く認識しています。

　原爆投下に関しての私の認識を言えば、なぜ原爆を日本に投下したのかと言えば、まずは、新型兵器の実戦使用による実験、それも人体実験を兼ねたものが至上命題だったと思います。1942年に始まった原爆開発のためのマンハッタン計画は、戦時下で20億ドルという巨費が投入されていましたが、1945年春に、日本が降伏するかもしれないという動きが出てきて、それを探知したアメリカ側は実は焦るんですね。このままでは原爆が完成しないうちに日本が降伏するかもしれないということで、1945年春にアメリカが決定したことで重要なことが二つ

あるんですね。

　一つは、マンハッタン計画の責任者レスリー・グローブスが、原爆開発を急げと、マンハッタン計画に参加していた研究者・技術者・労働者たちにスピードアップを命じるんです。もう一つは、ドイツが1945年5月に降伏していますので、ヨーロッパの戦後秩序の問題と、まだ戦争が続いているアジア戦線の問題を話し合うためにも早急に3大国の会議を開かなければいけない、早く開けとイギリスのチャーチルやソ連のスターリンなども要求していたんですが、アメリカのトルーマン大統領は結局その開催時期を引き延ばしたということです。6月にも開催される予定だったのを、結局、7月に……。

前田　史上初のアラモゴードの原爆実験が行われた7月16日にあわせて延期したんですね。

木村　そうです。ポツダム会談の開催の日にちをアラモゴードの実験にあわせてその日まで延ばすんですね。だから原爆実験の結果を見てから日本またはソ連への対応を決めるというのが、当時のアメリカの基本的な姿勢でした。結果的には、原爆実験は成功したので、ポツダム宣言に当初盛られていた天皇制容認の文言が、最終的にジェームズ・バーンズ国務長官とトルーマン大統領という二人のトップによる判断で削除されました。また、ポツダム宣言は7月25日に発表されますが、すでに24日に原爆投下命令が出されていたんです。

　トルーマン大統領は「こういう形でポツダム宣言を出せば、日本側は必ず無視するか拒否するだろう。私はそのことを確信している」という趣旨のことを秘密日記に書いているんです。トルーマン大統領の予想どおり、日本はポツダム宣言をそのままでは受け入れずに結局「黙殺」しました。アメリカはそれを口実に、ソ連のスターリン書記長がポツダム会談の時に約束した8月15日がソ連参戦の日でしたので、その前にあわてて実験に成功したばかりの原爆を落としたというのが真相です。表向きは、ソ連参戦を防ぐために原爆を落としたんだ、ソ連が参戦すると戦後の日本占領政策を含めてソ連がアジアへの発言力を強めるからだと言われているんですが、それは主要な目的ではなかったと思います。結果的に見ても、ソ連は8月6日に広島への原爆投下があった直後に対日参戦を予定されていた15日から9日に早めました。また、原爆を8月15日前に投下すれば、ソ連は参戦を早めるだろうとアメリカは事前に予想していたと思います。実際そうなったわけですし、8月6日に広島に原爆投下があって3日もたたないうちにソ連参戦があって、その直後に長崎にもあえて2発目の原爆を落としたのはなぜか、という疑問が生じます。

この2発目の長崎原爆の問題に関して言えば、主に二つの理由があったと考えられます。広島に落とされた「リトルボーイ」はウラン型で、当時1個しかなかった。アラモゴードで実験したのはプルトニウムでしたので、実戦での実験はやられていなかった。そこで、プルトニウム型の原爆「ファットマン」での実験をぜひやらなければならなかったというのが真相だと思います。もう一つの理由は、2発目の原爆投下をソ連参戦の後で行うことによって、結果的にソ連参戦よりも、2発の原爆によって日本は降伏したのだという印象、いわゆる原爆神話をつくろうとしたのではないか、ということです。この動機の真偽については現時点ではまだ一つの仮説でしかありませんが、少なくとも結果的にそのような二重の効果があったことは事実だと思います。
　もちろんソ連に対する牽制とか、世界に対するアメリカの力の示威とか、そういう他の目的・動機もあったかもしれません。しかし、ソ連牽制という外交目的のために原爆を落としたという修正派の意見は「原爆神話」を批判するうえでは効果的ではあったけれども、やはりそれはあくまでも副次的なものに過ぎなかったのではないかというのが私の見方です。
　もしアラモゴードの実験が失敗していたら、アメリカはどのように対応したか、という問題も大事な問題だと思います。この問題に言及されるほうはなぜかほとんどいないんですけれども、アラモゴードの実験が失敗した場合には日本への原爆投下はなかっただろうと思います。大戦末期にはソ連との対立が強まりつつあり、戦後の冷戦が予想されるなかで虎の子のウラン型原爆1発だけを落とすことはしなかったと思います。実際に当時の状況から軍事的には全く必要なかったからです。
　日本を降伏させる手段は、軍事的には他にも色々あったわけです。海上封鎖や爆撃の継続も選択肢としてはありましたし、ソ連参戦ももちろんありました。また、日本本土への上陸作戦も残されていたわけです。それ以上に可能性があったのは、平和的な交渉による日本の降伏の実現という選択肢です。だから、もし原爆実験に失敗していたら、軍事的解決ではなく、非軍事的・平和的解決、すなわち天皇制の容認や海外領土の放棄を部分的に譲歩するなどさまざまな手を打って日本側に呼び掛けて、ソ連参戦の前に日本の降伏を勝ち取った可能性が非常に高いと思われます。それを示唆するような文言がトルーマン大統領やその他の戦争指導者のなかにも出てきます。もちろん、決定的な証言や証拠となる資料は、現在でもまだ隠されていて、情報公開が進むなかでもいまだに出てきていないんですけどね。

降伏の決定要因

前田 日本降伏の決定要因をどこに見出しているのでしょうか。

木村 日本降伏の決定要因は、原爆投下よりもソ連参戦のほうがはるかに大きかった。なぜなら、広島に1発目の原爆が落とされても、戦争指導部は直ちに降伏には動かなかったんです。鈴木貫太郎首相をはじめ多くの戦争指導者たちはソ連を通じた仲介の結果を広島に原爆が投下された後も一縷の望みを賭けて待っていたわけです。それがソ連の宣戦布告とその直後の参戦という最悪の形で現れて、軍人も政治指導者も、昭和天皇も含めて、もうおしまいだという認識になって、広島原爆後の対応策をはかるための会議が急遽本格的な降伏のための重要な会議になったのです。そして、その会議を開催している最中に、2発目の長崎への原爆投下の知らせが入ったわけですが、この2発目の原爆投下は、その会議の趨勢に特に大きな影響を与えていないのです。

　ソ連参戦で日本が降伏したというのが、日本の原爆投下を批判するリベラルな論者の新しい重要な論点だったのですが、それも必ずしも正確ではないと思います。なぜなら、日本を最終的に8月15日（より厳密には8月14日）の降伏に導いたのは実はバーンズ回答であったというのが、私の評価です。広島に1発目の原爆が落とされ、ソ連が参戦し、長崎に2発目の原爆が落とされて初めて日本側は条件付きの降伏（ポツダム宣言受け入れ）をアメリカ側に打診するわけです。日本側が、天皇制を容認してもらえるかどうか、とおそるおそる確かめる。それに対して、アメリカ側はトルーマン大統領を中心に会議を開いて検討した結果、バーンズ国務長官が、非常にあいまいな表現で巧妙な形でしたが、それなりにわかるようなメッセージで、天皇制容認を示唆する文言を入れて返してきたのが、「バーンズ回答」です。これはポツダム宣言のなかに当初明確に書いていたような天皇制容認の文言ではなかったんですが、外務省などが分析した結果、天皇制容認は間違いないと理解したわけです。天皇も戦犯として処刑されるとか処罰されることはないだろうという確信のもとに最終的にポツダム宣言受諾と降伏に傾いた、というのが真相なんです。わかりやすく言えば、アメリカは原爆実験に成功して、ポツダム宣言に当初あった天皇制容認の文言を削除し、ポツダム宣言を拒否するとわかって日本に突きつけ、それを拒否したことを口実に広島に原爆を落とした。原爆を落とせばソ連も参戦を早めるだろうということまで予測していて、ソ連が参戦する一報を聞いて、長崎（当初は小倉が目標）への2発目の原爆投下を早めた

木村朗　153

んですね。最初は8月20日、次に11日、それが結果的に9日になったということは、ソ連の参戦の動きをつかんで早めたのではないかと推測できます。そして、日本が二つの原爆投下では降伏しないだろう、ソ連参戦でもすぐには降伏しないだろうと予測したうえで、日本側から打診があった天皇制容認の条件について事実上認める内容のものをバーンズ回答として返したというのが真相であったのではないかと思います。

前田 原爆投下をめぐる経緯は、当然のことながら初めての出来事でしたから、さまざまな偶然的な要因も絡みながら、そのもとで政策決定が行われていきました。ところが事後的には、きれいに整理された「神話」がつくられて、我々はそれを鵜呑みにしてきたわけです。それが、歴史研究等を通じてそれぞれの時点でどういう偶然的な条件が働いたのか、それを見すえてどういう政策決定がなされたのか、実は言われているような「原爆神話」ではない。アメリカ側にとっても違う形で物事は動いていたし、投下された日本側にとっても思わざる形で事態は推移していた。そのことを我々はもう1回見直す必要があるということを、木村さん、あるいは3年前に広島で開かれた「原爆投下を裁く国際民衆法廷」(2006〜07年)などのなかでは、その辺りからもう1度洗い直しています。それをもとにさらに現代史そのものを洗い直す、あるいは我々自身の歴史認識を洗い直していこうと、そういう営みがいま、平和研究者の間では行われているということだと思います。

　さて、次の話題に移りましょう。これまでにも出てきている話でもありますが、アメリカの世界戦略における日米安保の位置の変容というテーマです。先ほどすでに、日本側から見た位置の変容については語られたと思うんですが、米軍の世界再編そのものの変容と、そこにおける日米安保の位置づけの変容について、もう1回整理していただこうと思います。

日米安保の変容

木村 冷戦時の日米関係、そして日米安保の問題で言えば、基本的には、アメリカが攻撃、日本が防衛を受け持つという役割分担です。日本に米軍がいる理由の一つとして、アメリカの軍事戦略、世界戦略のためにいるという側面はもちろんあるんですけれども、むしろ日本の軍事大国化を抑える「ビンの蓋」の側面——日本に過度の攻撃能力を持たせないという役割が実は大きかったと思います。それは、日本をいつまでもアメリカのコントロールできる支配下に置いておくということを意味しています。冷戦期においては、アメリカとしては、在日米軍基地

の自由使用だけ確保できればそれで事足りたんです。また、当時のアメリカの世界戦略自体も、世界的規模で見れば全て攻撃的ということでは必ずしもなかった。米ソ間における核による恐怖の均衡という問題があったからではあるんですが。しかし、冷戦後のアメリカの基本的な世界軍事戦略はより攻撃的、好戦的なものに変化しました。圧倒的な軍事的優位性を確保して、従来の相互抑止ではなく、一方的な抑止、絶対的な抑止を求めるようになったからです。

　そうしたなかで、日米安保体制というか、日本の自衛隊の位置づけも変わってきた。それはアメリカの攻撃的な世界軍事戦略に積極的に日本の自衛隊だけでなく、自治体や民間の企業・市民の力を総動員してアメリカの戦争に全面的に巻き込むことです。自衛隊を米軍の補完部隊として完全に組み込むという狙いが、冷戦後における日米安保体制の再定義・見直しのなかで出てきた。日本の国内法制で、有事法制を着々と整備させるとともに、海外派兵に向けた突破口を、当初、国連PKOなどを通じた海外派遣という形で開かせ、一番本音の日米安保条約を通じた「グローバル安保」への変容、すなわち日米安保・軍事同盟を通じた自衛隊の海外派兵を2001年の「9・11事件」を契機として成立させた対テロ特措法と対イラク特措法による自衛隊の戦地への動員ということで実現した。それはたとえ後方支援活動という限定があったとしても、まぎれもない集団的自衛権の事実上の行使であり、明確な憲法違反であるばかりでなく、日米安保条約にも違反したものです。現在進められている世界的規模での米軍再編は、それをさらに加速させるものになっていると思います。

　日本はこれまで、第2次世界大戦後のアメリカのあらゆる大規模な戦争のほとんどに、事実上の隠れた参戦国として最大の軍事貢献を行ってきています。先ほども「米・英・日」三国同盟ではなく、「米・日・英」三国同盟だと言ったのは、イギリス以上に日本の果たした役割が大きいという理由からです。確かにイギリスというのは、英語を話す同じアングロサクソンで、これまで常にアメリカと一心同体として、最前線で軍事行動をともにやってきたという経歴があって、アメリカを最も支えてきたのはイギリスだという印象は強いと思います。けれども、コソボ紛争でのNATOの空爆とか、2001年からのアフガニスタン攻撃とか、2003年からのイラク攻撃を見ていても、アメリカにとって、イギリス軍だけでなくNATOの他の国の軍隊もほとんど軍事的には、いてもいなくても変わらないぐらいの存在なんです。その辺りの実情は、1991年の湾岸戦争の時でもそうであったと思います。

　アメリカにとって、決定的に重要なのは在日米軍基地の自由使用という条件で

す。もしこの条件が満たされていなかったならば、アメリカがこれまで行ってきたあらゆる大規模な軍事行動——もちろん、そのほとんどが侵略戦争ですけれども——朝鮮戦争、ベトナム戦争、湾岸戦争、ボスニア紛争、コソヴォ紛争、アフガン戦争、イラク戦争も到底あのような形ではできなかったと思います。そして、実は最大の軍事貢献をしているのは日本なんだということをアメリカは十分知りながらそのことを隠して、日本政府や日本国民向けに「安保ただ乗り」論を唱えています。そして、アメリカ国民やアジアに向けては、日本の軍事大国化を防ぐ「ビンの蓋」論をちらつかせてきました。そういう使い分けをやってきたのが実態ではないかと思います。

日本核武装論の正体

前田 日米同盟についても、いま改めて問題となっている核密約問題にしても、表面に浮上していること以外にも、いつも裏側で何かが起きている。政治とメディアが一体となって、真相を隠そうとしてきたという印象が強いのですが。

木村 北朝鮮の核問題もそうです。「北朝鮮問題」として語られていますが、それは同時に「アメリカ問題」ですし、それ以上に「日本問題」なのに、全て北朝鮮叩きの文脈で語られています。北朝鮮を利用して日本の核武装を唱える離れ業まで登場しています。アメリカがもしかしたら、国際情勢如何によっては、日本の核武装を見逃す、あるいは積極的に容認する。そういった形になりかねない危険性も含んでいるのではないかというのが私の見方です。日本の核武装に関しては、アメリカは、表向きは今日まで一貫して日本の核武装は許さない。だから、「核の傘」は完全に保証するから核武装にだけは走るなというポーズを一応取っています。けれども、ブッシュ政権時代のチェイニー副大統領だけでなく何人かの議員が、軍事的経済的に急速に台頭しつつある中国への対抗上、日本に核を持たせるのも選択肢としてあり得るような選択肢を示唆する発言をしているんですね。そして、中国が核実験を成功させた1964年以降、日本の核武装論者は、実は一貫して存在していたと思います。これだけ経済的に見合わない原子力発電を、青森県六ケ所村での危険なプルトニウムの再処理も含めて今日でも継続してやろうとしている最大の理由は、やはりプルトニウムを蓄積して日本が核武装をいつでもできるようにする体制を維持するためのコストだとみなしているからだと思います。日本はすでに40トンのプルトニウムを備蓄しており、その気になれば3カ月あれば核武装が可能だし、六ケ所村のプルトニウム再処理工場がフル稼働す

るようになれば年間1,000発以上の原爆(核兵器)保有が可能だとも言われています。

　もちろんこの問題はアメリカの対応次第だと思います。アメリカのどこかの勢力が、日本のどこかの勢力と裏で手を結んで密かに日本国民の知らないところで、あるいはアメリカさえも完全には知らないところで、核武装を密かにやってのけていた、ということさえあり得るかもしれない。また、その逆に、アメリカのある勢力にそそのかされる形で日本のある勢力が自衛隊を巻き込む形で日本の核武装化を支援する振りをして、日本の核武装化がかなり進んだところで、今度は日本を敵視する政策にアメリカが転換して日本との間に軍事衝突が発生するというような悪夢も決して起こり得ないとは思いません。

　そのぐらいの危険性を僕自身は感じていますので、この問題と、なぜあえてIAEA(国際原子力機関)の事務局長のポストに日本がこだわっているのか、その背景には隠された動機、何か裏があるのではないかと思っています。

　それから、先ほどから、米・日・英3カ国を中心として「新しい帝国秩序」が形成されつつあると言ってきました。しかし、その「新しい帝国秩序」がすでに構築されているとは考えていません。軍事面だけで言えばかなり当たっていると思いますけれども、経済・文化・社会までを含めて「新しい帝国秩序」がこの3カ国やその背後にある軍産複合体のネットワークで完全にできているとか、国際金融資本の支配が全世界を貫徹しているということではありません。ただ、オバマ政権になって新しい変化が見られるようになっても、そのような新しい世界秩序をつくろうという構想と意思は依然としてあるし、制度的、構造的にもそれを保証するものが基本的に崩れていない、つまり一進一退を繰り返しながらせめぎ合っているというのが実情ではないでしょうか。

　だから「新しい帝国秩序」を志向する勢力(個人、組織・集団、企業、国家、国際機構など)だけでなく、それに対抗するもう一つの新しい世界秩序を構築しようとする勢力ももちろんあって、いまなおその決着はついていないということです。だからこそ、そこに希望を持つことができるわけです。アメリカ中心の「新しい帝国秩序」の構築を阻もうとする勢力としては、例えば軍事協力機構としての側面も持つ上海協力機構(SCO)をあげることができます。これはロシアと中国と中央アジア4カ国(カザフスタン・キルギス・タジキスタン・ウズベキスタン)の計6カ国で2001年に創設された多国間協力組織で、インドもオブザーバー参加して軍事演習などもやっており、ベネズエラやイランも加盟する動きがあるということですから、アメリカにとっては非常に危ないというか、ありがたくない動きが

出てきたということですよね。

　そのアメリカとしては、まずインドを切り離して取り込みたいという思惑──米印原子力協定にしても中国とロシアの同盟関係に楔を入れたいという狙いはあるんですが──それはすぐにできないまでも、まずインドを切り離すということでさまざまな手を打っていると思います。また、最近ちょっと気になるのが、ロシアが北朝鮮問題で強硬的な姿勢・対応になって、アメリカに便乗するような動きを見せていることですね。その一方で、ソマリア沖の海賊対策ということでは中国も含めて海軍の艦船を派遣して、アメリカを中心とする軍事秩序の一番外側の環に中国さえも取り込もうという動きも出てきています。

　こうしたさまざまな動きは、単に一極化、二極化、あるいは多極化と決めつけるのではなく、多元的に見て行く必要があります。いまの時点で、アメリカ中心の一極体制が完成しているとも言えないし、その反対に多極化の芽はもちろん出てきていますけれども、多極化体制になっているとも言えないというのが実情ではないでしょうか。僕自身は、北側先進諸大国による共同覇権体制という言い方は冷戦後の世界秩序全般に当てはまるところではあると考えています。けれども、北側先進諸大国そのものが必ずしも一枚岩ではないし、そのなかに中国、ロシアが入るか入らないのかという問題も含めると、またより複雑な問題になると思います。

希望をどこに見出すか〜平和学にできること

前田　時代閉塞の時代に、私たちの課題を探っているわけですが、課題の先にもう一つ「希望は？」ということがあります。平和学は、その希望をどこに見つけて行くかということですね。世界各地で、例えば南米の新しい動きがあります。また、アメリカのMD（ミサイル防衛体制）をつくろうという動きに対して、チェコでそれに抵抗する動きが出てきたり、いろんな形での動きがある。さらに、いま、グローバリゼーションに対して反グローバリズムということで、それを担っている主体がたくさんある。ネグリとハートのようにマルチチュードという形でいろんな主体がそういう運動を担っていると主張する人もいます。それに関連して、木村さんのご専門である平和学が新帝国主義に対抗してどういうふうに自己を位置付けて行くのか、どのように考えていらっしゃいますか。

木村　マルチチュードの話が出ましたけれども、古い左翼とかこれまでの抵抗運動が全てダメだという発想は、僕自身は全然持っていなくて、やはり、抵抗主体、

変革主体の中核の一つとしてこれまでの平和反戦運動なり、全国に7,000を越えたという「9条の会」も含めた護憲運動、反原水爆運動、既存の労組・政党も含めて、そういったものが中心となるべきだと思います。そういった既成の運動や組織がもう1度活性化して再生して行くとともに、さらに新しい動き、つまり世界的レベルでの反グローバリゼーション運動、世界社会フォーラムに結集しているような人々と、イラク戦争を前に反戦平和のために立ち上がった人々とが結びつく可能性があります。

　最近の平和運動を見ていると、環境問題をやっている方が、環境問題だけではダメだというか、平和問題とそれは密接につながっているんだということで平和運動に入ってくるという動きも顕著に出てきています。それから人権運動をやっている人もやはり平和運動とつながってくる。だから、人権、平和、環境、開発も含めて全てそれがリンクしているので、それぞれの運動主体が新たに合流して新しい波なり動きをつくりだしつつあると言えます。

　また、先ほどの米・日・英3カ国を中心とした「新しい帝国秩序」に対抗する勢力として、ジャーナリストの伊藤千尋さんが『反米大陸——中南米がアメリカにつきつけるNO！』(集英社新書、2007年)で指摘しているように、「反米大陸アメリカ」という南アメリカのベネズエラのチャベス大統領を中心とした新しい動きにも注目しています。世界中で、新自由主義や市場原理主義、米国流強欲資本主義といった帝国主義的秩序に反対する動きが出ています。最近のフランスの労働運動を見ていますと、これまでの反体制運動、社会主義運動、労働運動を超えた新しい芽も出てきているのではないかと思います。将来的な国内社会秩序、世界秩序に関しても、新しい帝国秩序とか、帝国論を言っている論者とは別の意味で、世界統合の普遍的な流れは変えることはできないと考えます。

前田　必然のなかに別の可能性を見出して行くのでしょうか。

木村　問題は終着点としてどのようなものをめざすのか。どのような過程を経てそこに至ろうとするのかです。社会秩序レベルに関しても、いまの金融危機というのは、新自由主義の破綻、米国流カジノ金融資本主義の破綻だけでなく、やはり資本主義体制(国家・社会)そのものの破綻でもあると思います。ということで、基本的にはこれまでの資本主義体制に代わる新しい秩序——それは「新しい社会主義」と言っていいと思うんですね——ある意味で新しい社会主義的な秩序にならない限り、現代世界における資本主義体制の根本的な危機は克服できないのではないかと思います。

　それでは、新しい社会主義とはどういうものなのか。この問題に関しては、チャ

ベス大統領のベネズエラなど南アメリカの左翼的国家体制が提起しているものが新しい社会主義のモデルにそのままなるとは必ずしも言えませんし、ヨーロッパの先進大国であるフランスの社会運動などから出てきているものが直ちにそうであるとも言えません。これまでの既存の体制も含めて考えた時に、僕自身が当初の研究対象として留学したことがある旧ユーゴスラヴィアの自主管理社会主義はかなり大きなモデルとしての影響力を持っている。少なくともそれを考える重要なヒント・示唆を与えてくれると、いまでも思っています。

　ですから、自主管理と世界連邦、あるいは、社会主義が平和と民主主義で結び付くことによって新しい未来への展望が開かれると確信しています。現時点では理想的な社会秩序とか構想については、そういうふうに思っているんです。また変革主体については、既存の組織・運動と、新しい組織・運動が主体的に結び付くなかで、古くから言われている「自立と連帯」の実現、つまり新しい言葉で言えば「自立した世界市民」による「ネットワーク」という形でやって行くしかないと考えています。

　その際に重要になってくるのが、やはりメディアの問題なんですね。情報操作、つまり権力と資本が一体化して真実を隠蔽すると同時に、虚構と神話を捏造して市民を洗脳して、ことの本質から遠ざけていることが最大の問題だと思います。この問題では運動主体の側が、こうした既存の権力・資本とメディアが癒着・一体化した情報社会の構造そのものを根本的に組み替えて、いかに真実を市民に伝えていくようにしていけるかが勝負です。その意味で、いまインターネットを中心に続々と生まれつつある数多くの新しい市民による独立メディアに大いに期待しています。というのは、そうした新しいメディア革命が既存のマスコミ・組織ジャーナリズムの変革・再生を可能にする鍵を握っていると思うからです。

精神のたたかい
──不服従の可能性

人はなぜ旅に出るのか

前田 立野正裕さんの講演に「人はなぜ旅に出るのか」というテーマのものがあります。イギリス文学研究者として、また現代日本文学研究者として、イギリスと日本を往還するとともに、長い間、西ヨーロッパ諸国の旅をされています。イギリス文学研究の一環でもあるわけですが、特に第1次世界大戦に従軍した兵士の生と死を見つめ直すお仕事をなさっていて、各地を旅されています。そこで、最初の質問は、「立野さんはなぜ旅に出るのか」です。

立野 私が旅を始めたのは、インドがきっかけでした。というと、インド旅行でもやって旅の魅力に取りつかれたかのように思われるかもしれませんが、実はまだインドに私は1度も出かけたことがないのです。それでもこれまでインドへ、インドへ、と常に頭のなかで考えてきたことは確かです。言葉を換えて言いますと、イギリスを始めヨーロッパ各地に旅するようになってから、かれこれ20年近くになりますが、ある意味ではインドが私の旅の原点であることに変わりはない。また自分にとって旅の究極の到達点でもあるという気がしてならない。なんだか「神秘の国インド」の幻想に憧れてでもいるようですが必ずしもそういうわけではありません。そこでそれをまず少しお話しましょう。

迂遠なようですが、それはイギリスの作家E・M・

立野正裕さん
[たての・まさひろ]

明治大学教授。現代イギリス文学専攻、研究課題は第1次大戦期のイギリス文学を特徴付けるもの。ベルギーやフランスに点在するおびただしい戦跡を精力的に訪ね歩く。サスーン、オーウェン、ソーリー、ブルック、マクレーらの仕事を「塹壕の思想」の観点から検証している。著書として『精神のたたかい──非暴力主義の思想と文学』(スペース伽耶、2007年)、『世界文学の扉をひらく 運命をあきらめない人たちの物語』(スペース伽耶、2008年)、『黄金の枝を求めて──ヨーロッパ思索の旅・反戦の芸術と文学』(スペース伽耶、2009年)がある。

フォースターの文学との出会いに始まります。大学で英文学を専攻したので、この作家の小説を全部読む機会が大学時代にありました。なかでも注意を引かれたのが長編小説『インドへの道』だったのです。

　作者の名前をちゃんと言うとエドワード・モーガン・フォースター（1879〜1970年）です。代表作が二つあって、『インドへの道』（1924年〔ちくま文庫、1994年〕）がその一つです。これは20世紀前半イギリス文学の十指にかぞえられる作品です。当時の私は学生でしたから、フォースターの経験や問題意識にまっこうから立ち向かって行けるような意識も知識も体験もありませんでしたが、苦労しながら読んで行くと、それまでいくらか国内外の近代文学に親しんでいた自分が考えたこともないようなことが、考えたこともないような角度から書いてあった。なにかとても重要な問題が扱われているようだぞ、ということだけはおぼろげながら理解できました。

前田　植民地の問題ですか。

立野　そうなんです。小説が書かれた1920年代、まだインドは大英帝国の支配下にあったわけです。一人の英国作家がインドにおもむき、さまざまな経験をする。大英帝国がどういう国家なのかということを、いわばまのあたりにするのです。個人的な次元に限定すれば、インドの奥の深い伝統や文化に触れることも、優れた人々と友情を結ぶことも、それなりに可能であった。ですが、当時の歴史の現在という次元では、帝国と植民地、「支配」と「被支配」といった非情な政治的関係のなかに巻き込まれた個人は、私的に結ばれるどんなに優れた友情と言えども、またその文化についてのどんなに深い理解や愛であっても、最後までまっとうし得ないのだという厳しい現実に突き当たらないわけにはいかない。フォースターはその切実な経験にもとづいて、「インドへの道はどのようにして拓かれるのか」というテーマで小説を書きました。

　すなわち、文化や民族を異にした個人と個人とのあいだの相互理解や相手の文化と伝統への敬愛が、植民地や支配や、帝国主義といった問題などとからみ合う。そういう込み入った現実問題の複雑さと非情さに個人が直面させられる時、その個人がどのように苦悩し、考え、選択し、行動するのか。凡庸な学生だった当時の私にも、ある程度ですが切実さをもってそれが迫ってきたのです。自分の道はどのようにして拓かれるのか、拓かれねばならないのか。それが当時の私がこの小説から受け取った問題であり、メッセージに他ならなかった。私の「旅」はそのようにして始まったのです。

前田　それが東京での学生時代の話ですね。立野さんは全共闘世代ですよね。

立野 いわゆる団塊の世代、全共闘世代に属しますね。スチューデントパワー、ゲバ棒、内ゲバ、その他もろもろ言われます。確かに私はその世代に属しています。けれども白状しますと、当時の私は全くのノンポリティカルでして、むろんセクトに属したこともなければ、ゲバ棒を握ったこともありません。デモにすら出たことがない。しかし同時代の雰囲気を呼吸していた若者の一人として、当時、自分と同世代の若者がなにをやっているのか、なんのためになにをやっているのか、ということについては少なからず関心がありました。

 バリケード封鎖されている学園で、覆面とヘルメット姿で、ゲバ棒を部屋の壁に立て掛けている学生たち、昨日までは私と一緒に授業を受けていた学友たちと、激しい議論を交わしたわけです。というとカッコいいんですが、激しいのはもっぱら相手側であって、問題意識をろくに持っていなかった私なんかはいつも簡単に論破されていました。私はマルクスを読んだことがない。ヘーゲルも読んでいない。レーニンも、トロツキーも知らない。毛沢東や周恩来も名前だけ。中学生時代から愛読していたのは、ヘルマン・ヘッセの『車輪の下』、スタンダールの『赤と黒』、ドストエフスキーの『罪と罰』、ハーマン・メルヴィルの『白鯨』といったような小説ばかり。マルクス主義、レーニン主義でもって理論武装した学友たちに議論で立ち向かうことは全然できません。完膚なきまでに論破されて、もう地べたにはいつくばるような屈辱感と無力感に打ちひしがれて、すごすごと引き下がる日々だったわけです。

前田 それまでの文学青年が社会科学と初めて対決させられることになったわけですね。

立野 対決なんてものではありません。社会科学をなにも知りませんでしたからね。でも考えてみると、自分にとっては非常に重要な転機になりました。マルクスやレーニンを読んだことのなかった私が、まがりなりにも岩波文庫その他を通じてそれらの重要な思想家の文献を読み、社会科学に対する、あるいは政治思想に対する関心、そして現実的なものへの知覚の扉を自分のなかに開いて行く契機を与えられたことは事実だからです。そしてまた、英文科の学生としてその時期にフォースターの政治小説と出会った。そして、「インドへ行きたい」と思ったのです。同世代の連中がインドを神秘主義的な興味から捉えていたのとはニュアンスがかなり違うんですが、地理的な意味でのインド憧憬というよりも、遠い時代から培った民族と人間の意識・無意識の未知領域への強烈な好奇心という意味では、同世代のインド志向に、ある程度は影響されていたかもしれません。しかし主観的には、フォースターの小説を読んで、インドへ行くためにはどんな道筋

立野正裕

が可能だろうかということを、素朴な頭で考えようとしていたんだと思いますね。

前田 フォースターはイギリスの現代文学者として、現代の問題ばかりでなく、アングロサクソン民族の伝統や文化にもなみなみならぬ造詣と愛情を持っていた作家なのでしょう。

立野 『ハワーズ・エンド』(1910年)というもう一つの代表作など読んでもそのことは明瞭にわかりますが、イギリス土着の民俗や伝統の深い精神の層に対する理解と繊細な感覚を持っていた。同時に時代の危険な動きに鋭敏な、極めて進歩的な、リベラルな知識人作家でもありました。1930年代に入ってファシズムが台頭してきた時、国際作家会議で会議の冒頭にイギリス内外の動向に批評的警鐘を鳴らしたことでも、フォースターのアクチュアルな精神は明らかです。

話は戻りますが、フォースターはそういう厚みのある精神と知性を持った作家としてインドへやって来た。第1次大戦もまだ始まらないころです。ところが来てみたら、自分は帝国主義の一員にすぎないことを、改めていやおうなしに認識させられた。作家として深刻な問題にぶち当たった。そこでインドへの「道」はどうあるべきかという構想を立てた。完成までに10年以上かかっていますし、あいだに第1次大戦がはさまるわけですから、なおさら執筆は難航した。

そんなふうにしてでき上がった小説を、ノンポリ学生だった私が、「インド」へ行く本当の道とはどういう道でなくてはならないのかと、まあ、それほど深く問い詰められたわけではありませんが、自分の置かれた時代状況やスチューデント・パワーや新左翼とのからみもあって、意識だけはそういうふうに政治的な方向に切り替わって行ったんですね。同じころに読んだジョージ・オーウェル(1903〜1950年)のビルマ時代を扱った短編『象を撃つ』や『絞首刑』を始め、『カタロニア讃歌』や『1984』などからも、自分の意識の方向づけにとって少なからぬ影響を受けたということもありますけれどもね。

太平洋戦争と英文学教育

前田 フォースターはイギリス帝国主義の一員であることを自覚したわけですが、立野さんも同じ問題に直面したのでしょうか。

立野 むろん私の場合はもっと素朴というか観念的なものだったでしょう。高校時代、英語が好きで、大学は英文科へ入るのだ、英文科へ入る理由は英語が好きだから、とこれ以上の動機は率直に言ってなかったのです。英語が好きであるということが自己目的になっていた。英語を使ってなにをするのか、世界の言語

のなかで英語とはいったいどういう性格や歴史を持った言語なのか、それについては初めのうちは英語が国際語だからといった程度の浅薄な認識しかなかったわけですね。いまでも面接試験などで、「君はなぜ英文科を受けるのか」と受験生に訊きますと、異口同音にこう答える者が多い。「英語は国際語だから、英語を学ぶことはこれからの自分たちにとってはどうしても必要になるからです」。

どうもかつての自分を見ているようでおもしろくない（笑）。しかし大学に入ってから私が考えたことは、自分は日本人であって、英語が好きで、英語で本が読めるようになりつつある。では、英語を使って、日本人としてなにをするのかということです。その時、私が考えたのは、太平洋戦争の時代、というか太平洋戦争を含む15年戦争、アジア太平洋戦争の時代のことでしたね。日本には数多くの英語教師がおりました。中学、高校、大学に至るまでです。教師は学生や生徒に向かって英語を教えるわけですけれども、英語は当時の言葉で言うと、「敵性外国語」であったわけですよね。その敵性外国語を使ってなにを生徒や学生に教えようとしたのか。どんな教育をしたのか。それを少し調べてみたわけです。知れば知るほど呆然となりました。英語教師が、「鬼畜米英」の思想を学生や生徒に向かって鼓吹していたのです。英語が好きで、英文学や米文学が好きで研究していたのに、米英と日本が戦争をしているそのさなかにおいては、自分が英語を教えている学生たちに向かって、「鬼畜米英」ということを言っていた。そういう自分に対してひどい矛盾を感じなかったのだろうか。

翻って現在の自分を見てみると、それまで自覚したことはあんまりなかったわけですが、自分のなかの矛盾を自覚すべきだということに気がついた。おりしも「自己否定」という言葉が全共闘世代の共通の符丁のようになっていた時代です。いま思いますと、その言葉の観念くささに辟易とさせられますけれども、当時は多少それに影響されていなかったとは言えない。私は彼らが言うような意味では「自己否定」をしませんでしたが、それは、そんなことできるかという気持ちよりも、よけいなおせっかいだという気持ちと意地とが交り合っていたためでしょう。

前田 と言いますと？

立野 つまり近代文学をあれこれ読んでいたせいで、自己の矛盾を内側に向かって見つめることを自分でまがりなりにもやろうとしていたわけです。で、それが卒業論文を書く時の動機になった。いったい英語を使って、あるいは英文学や米文学を勉強することによって、なにをこの自分はめざしているのかということですね。なにをいったい自分の糧とするのか。そのことをしっかりと認識しないとダメだ。大学院に行って英文学を勉強して、ゆくゆく研究者、教育者となりたい

とは思っているが、目的に対する認識がちゃんとしていなかったらダメだ。ざっとそんな程度の気持ちはあったんでしょう。

　学生の前に立って、「諸君、英文学はすばらしい。シェークスピアは偉大だ」とか、あるいは「米文学はすばらしい。ハーマン・メルヴィルは偉大だ。『白鯨』をぜひ読みたまえ。アーネスト・ヘミングウェイはすばらしい。『武器よさらば』をぜひ読みたまえ」といったふうに、もはやどうして無邪気に語ることができるだろうか。それらの作品のすばらしさというものが、私個人のアイデンティティの問題と一緒になって内部に着床していないかぎりは、学生たちに向かってそれを私の言葉として言うことはできない。教育者として演技することはできるだろうし、研究者として論文を書くこともできるだろう。だが、私の人生の必要な糧として、ヘミングウェイについて語り、フォークナーについて語り、ディケンズやハーディやブロンテ姉妹について語るということがどうして可能だろうか、もし私が自分のなかの矛盾を追求しないですませようとするならば……、だいたいそういうふうに考えたと思います。

　ですからまさにそのことが、当時自覚していた以上に、私の卒業論文の本当のテーマになって行ったわけです。論文の出来ばえはまあ稚拙なものだったにちがいないのですが、しゃにむに『インドへの道』についてだけ書いたわけです。

前田　その後大学院を受験したところが、首尾よく受かった。

立野　「やった！」と思いました。定員が6名だったんですが、その年だけ合格者が9名いました。後で教えられたんです。「立野、おまえは8番だったよ」（笑）。

　まあ、そういうふうでしたが、先生方がこいつはどこか見どころがあるやつだと考えてくれたらしく、母校の教壇に立たせてもらってからもう30数年たちます。いま申し上げたことは、毎年、授業でも言っておりますし、私の『精神のたたかい』のあとがきにも書いてあります。しかしながら、私は一介の大学教員でして、それ以上でもありませんし、またそれ以外でもありたくない。

　日本が将来、いや、もう着々とその気味の悪い足音が聞こえると言わなくてはなりませんが、憲法9条を改悪して、またもや軍国主義に向かって行こうとしている、戦争をやる国になろうとしている、そういう時に、私は教師の一員として絶対に私の学生のなかから、武器を取って日本のために戦うなどというような人間を出したくない。

　かつてのアジア太平洋戦争の実態がどういうものであったかを多少なりとも知りさえすれば、再び戦争をやって再び同じような惨禍を招いてまで、戦うに値すると思えるような日本がいったいどこにあるのだ。いまわれわれが見ている日本

は残念ながら戦って守るに値しない。すると、すぐにこういう反論が来る。守るに値しないのは国家である。国家のためではなくて、この国土のため、風土のため、親兄弟のため、恋人のためならばどうか。これらのもののため、これらの人々のため、他国から攻められたら戦って守るに値するのではないか、命を懸けるに値するのではないか、どうなのだというわけです。

前田　しかし、それは石原慎太郎流の詭弁ですね。

立野　そうです。このような世迷言や詭弁にうっかり騙されてはならない。そのためにわれわれは頭を使わなければならないし、心を耕さなければならない、と、日々私は学生諸君に向かって言っております。英語を学ぶ前に日本語を学べ、というのが英文学者のはしくれである私の持論です。これは大学院でもそうなのです。したがってこの15年間、大学院でずうっと演習を担当しておりますが、英語のテキストを読んだことは1度もありません。あ、とうとう言っちゃったか（笑）。

前田　イギリス文学研究の授業なのに（笑）。さて、質問は「人はなぜ旅に出るか」でしたが、いまお話しいただいたのも、立野さんの原点と言いますか、著作では「遍歴する精神」という言葉が使われていますが、遍歴が始まる段階、原点のところをお話しいただきました。しかもそれが「非国民」というテーマと直接に結びついています。立野さんの2冊の本『精神のたたかい』と『黄金の枝を求めて』のテーマの一つは「殺された精神」と言ってよいかと思います。『精神のたたかい』で言うと「処刑された兵士の墓」という章があります。それ以外にも、「処刑された」あるいは「戦死」した、亡くなる前に詩を残した兵士であるとか、そういう人たちの作品、経歴、お墓、追悼碑、こういうものをめぐって旅をされ、なおかつ思索をめぐらすというかたちで書かれています。

　では、墓碑、追悼、慰霊、そういうものをどう捉えるのか。そのなかで暴力と非暴力のたたかい――これも非常に抽象的でわかりにくい表現かもしれませんけれども、現に兵士ですから、まさに国家暴力の最先端で自ら暴力を行使せざるを得ない状況に追い込まれて、なおかつそのなかで場合によっては戦死する。場合によっては自国軍によって処刑される。処刑の理由のなかには不服従もあったりする。その辺りをめぐって、慰霊における暴力と非暴力――それがどういうふうに交錯しているのかという論点で感じるところをお話しいただけたらと思います。

処刑された兵士の墓〜慰霊の意味

立野 第1次世界大戦の激戦地の一つであるベルギーおよび北フランス——いわゆるフランドル地方にたびたび出かけますが、あれは2003年の夏だったと思います。現地で買い求めた本をホテルで読んでいて、明日は帰国するというその前夜だったのですが、その本に書いてあることが非常に気になったのです。そこには、戦線離脱、つまり敵前逃亡の罪に問われた兵士が軍法会議にかけられ、死刑判決を受けて実際に処刑された。そういう兵士が数百人もいたという。しかし死刑判決を受けた兵士はさらに多く、数千人もいた。大部分は結局減刑されたのですが、判決だけだとしても死刑とされた兵士の数はものすごい数です。私は唖然としました。これはどういうことなのだろうと思いました。

しかし、本当に驚いたのは、ある一人の兵士の話ですが、処刑された兵士の墓標に、「処刑された」と明記されていると。処刑はいつも午前5時ごろから5時半のあいだに行われる。つまり早朝に銃殺される。ですから、「Shot at dawn（暁に銃殺された）」とその墓碑には刻まれていると本に書いてあったのです。

北フランスの小さな村の共同墓地の一郭にその墓があるというので、帰国するためにブリュッセルに移動する必要があったのですが、もう気になって気になって仕方がない。とうとう荷物のパッキングだけはしておいて、翌朝車を飛ばしました。北フランスの田舎の共同墓地に、その処刑された兵士の墓を探しに行くことにしたわけです。ところがなかなか見つけることができない。途中経過は著書に詳しく書きましたので省くことにしますが、ほんとに小さい村でしたから容易に見つけられたのに、肝心の墓がわからない。村のなかを車道が1本だけ通っていて、周りは一望平野です。ちょうど昼の暑い時で、誰も表に出ている者はいない。道路にもどこにも通行人がいない。村全体に人の影はおろか、犬の尻尾さえ見えません。

特別の手順を踏まねば見つからないような具合になっているんじゃなかろうかと冗談半分に疑ったくらいでした。ベルギーに戻る時間も気になります。それでもとうとう探し当てたんですね。バックミラーをふと見たら写っていたんです、墓が。案の定、その共同墓地の一画に戦没者の墓標が立っていた。村の人たちの墓標は大きさもかたちも色々ですが、英国軍人の墓標はみな同じです。だがせいぜい30基くらいでしたでしょう。私が探している墓標は造作なく見つかりました。墓標のおもての下のところに、「暁に銃殺された」と刻んであったんです。

前田 なるほど。では、本でお読みになったとおりだったわけですね。

立野 ええ。ただ実物をまのあたりにしてみると、さすがに衝撃は小さくありませんでしたね。後日になりますが、さらにその墓について文献などで調べてみました。そうしてわかったことを、ある雑誌に随筆として書きました。それが元になって、この著書(『精神のたたかい』)に収めてある長い紀行文になったわけです。

この兵士は敵前逃亡罪で2名の同郷の兵士とともに銃殺されたのです。ところが遺族が受け取った通知には、あたかも壮烈な戦死を遂げたかのように書かれていた。戦後十何年かたって、イギリス政府が墓標を取り換えることになった。つまり埋葬当時の急ごしらえの木の十字架を、現在のような石の墓標に取り換えることになった。それで遺族のもとに報せが来て、もし希望とあらば数行の墓碑銘を墓標に書き入れることを認めると言う。戦死した息子のためにどんな銘文がよかろうかと父親は思案した。その矢先です。ある人がこんな手紙をよこした。

「ご存じないかもしれないが、あなたのご子息は戦死したのではない。銃殺されたのです。味方の銃殺隊に。罪名は敵前逃亡罪」。

前田 ということは、軍刑法による軍法会議で銃殺刑の判決を言い渡されたのですね。

立野 そのとおりです。父親が真相を知らされてどのような衝撃を受けたか。それは地面が口を開くほどの相当なショックだったにちがいない。「息子が銃殺！なぜだ！」と、そこで父親はどうして息子が銃殺されなければならなかったのかを調べ始めたのです。息子がいったいどうして、敵前逃亡などという汚名を着て殺されることになったのか。それを知るために、父親は、当局はもとより四方八方に問い合わせ、聞き込みを行い、独自に調査をしました。その結果、父親が到達した確信は次のようなものでした。つまり、戦争の初めから前線に配属された息子は、これ以上もう殺戮に参加したくなかったのだ。これ以上銃を撃ちたくなかったのだ。そして前線を離脱することに決め、同郷の仲間とともにドーヴァー海峡に面した軍港へやって来た。そこで憲兵に身元を暴かれて逮捕されたのです。このため軍法会議で敵前逃亡罪と断定されてしまった。けれども父親はますます確信したのですね。わが子ながらあっぱれである、と。それで当局に返事を書きました。

「息子の墓標には『暁に銃殺された』と刻んでもらいたい」。

ところがそんな墓碑銘は前代未聞ですから、当局はつっぱねようとした。父親は頑張りました。

「墓碑銘を遺族が自由に選んでいいと言明したのは当局である。だからその墓

立野正裕　　169

碑銘をどうしても書いてもらいたい」。

　そこにはだいぶ押し問答があったようです。だが、当局はしぶしぶながら、その墓碑銘を刻印することを了承せざるを得なくなったのです。その結果、現在でも北フランスのバイユールモンという小さな村の共同墓地の一画に立つ30ばかりの墓標のうちのただ一つが、「暁に銃殺された」という刻銘を持つことになりました。そして父親はいましがた述べたように、次のような言葉をさらに加えさせたのです。

　「最初の志願兵の一人にして、父親にとっては価値ある息子なり」。

　実はここから父親の本当の闘いが始まったと申すべきなのかもしれません。

前田　父親の信念と国家とのしぶとい闘いが、ここから始まったということですね。

立野　そうです。ことのいきさつを知って父親の側に共鳴する数人の人々が現われました。彼らは口コミでこの話を伝えて行ったのです。そのあいだに世界は再び戦争に突入した。つまり第2次大戦が始まった。やがてそれが終わると、今度は冷戦時代が始まって、またそれが終わって、……だがそのあいだも、口コミによる活動は根強く、粘り強く続けられました。そしてとうとう、イギリス議会の議員がこの口コミ活動に共鳴し、国会で取り上げられるに至った。

　ロンドン市にタヴィストック・スクエアという小さな公園があるのです。公園のなかには後からそこに置かれた一つの自然石がある。その表面に、処刑されたこの兵士とその父親のいわば志を受け継ぐようなかたちで、忘れがたい数行の文言が刻まれることになりました。1990年代初めのことです。

前田　およそ70年後ですね。

立野　私は、研究室の同僚のおかげでこれを確認することができまして、この兵士の短い生涯と特異な死はたんに記憶されただけではないということがわかりました。父親の志として改めて受け継がれたのです。なぜならそれから数十年、2度目の大戦と冷戦を経てイギリスで一つの運動となり、首都の一画にささやかとは言え、れっきとした宣言というかたちを取って、石に刻まれるに至ったのですから。

前田　タヴィストック・スクエアの自然石に刻まれた文言とはどのようなものでしょうか。

立野　「殺すことを拒否する権利を確立した人々、そしていまもその権利を守り抜いている全ての人々に捧げる。彼らの洞察と勇気こそ、われわれの希望である」。

　実にすばらしい言葉です。これこそは一人の素朴なイギリス人の、しかも労働

者階級出身の兵士がたどった運命のなかから生まれて育った偉大な言葉ですね。おれはもう鉄砲撃つのは嫌だと言って武器を投げ出し、それがもとで国家によって銃殺されたというむごい事実から発して、時を経てずっと発展してきた言葉ないし思想であると言ってもいい。

　私はキリスト教徒ではありませんが、よく知られた聖書の言葉を思い出さないわけには行きません。「一粒の麦、もし死なば、多くの実を結ぶべし」。種子を最初に受け取ったのが、ほかならぬこの兵士の父親だったのです。息子もあっぱれですが、父親もあっぱれです。願わくばこの自分もまた、このような父親でありたいものだと思わずにはいられない次第です。

前田　慰霊碑、追悼碑の問題が出ています。日本では「靖国神社問題」というかたちで政治的に先鋭に問われていますが、それだけではなく、例えば関東大震災朝鮮人虐殺にかかわる慰霊碑をどうつくるか。朝鮮人強制連行・強制労働被害者の慰霊碑をどうつくるか。さらには日本軍性奴隷制、「従軍慰安婦」被害女性のための祈念碑が、先日は沖縄の宮古島に建立されたということですが、さまざまなかたちの慰霊、追悼が改めて問われています。「国家の慰霊」に対する「民衆の慰霊」を考えることがいかにして可能なのか。立野さんが調査されてこられたなかから、慰霊の意味についてもう少しお話いただけるでしょうか。

立野　イギリスのどんな小さな町、村に行っても、その町の一角、街角、あるいは町の中心のマーケットに、慰霊塔が立っています。それはおおむね第1次世界大戦時、1914年から1918年、この町やこの村から出征して戦没した、その人々の名前が刻んであるのです。そしてその慰霊塔の下の台座のところに、赤い花輪がいくつか置いてある。4つ、5つ、6つ。古いのもあれば非常に新しいのもある。造花ですけれどもその赤い造花が、必ずケシの花をあしらったものなのです。

　その時はただ漫然と眺めて、これはケシかな、というような程度だったのですが、そういうことが何度かあって、それからドーヴァー海峡を渡ってベルギーに行き、青々とした麦畑に咲く真っ赤なケシの群生を見たいものだと思っていたら、赤いケシが見つかる代わりに、白い墓標が整然と並ぶ墓地があっちにもこっちにも、それこそ行く先々の麦畑のあいだに、実におびただしい数で目に入ってきた。じきに戦没者墓地であることがわかったんですけれども、初めのうちは異様な光景だと思うばかりだったのです。

前田　どの戦没者墓地にも、慰霊塔、慰霊碑、記念碑が建っているのですか。

立野　戦没者墓地であれば必ず建っています。その場所で戦没した人を哀悼するという意味がある。しかし、そこに反戦のメッセージ、平和のメッセージはあ

立野正裕

るのかと問い返すならば、答えは次のような決まり文句に終始するばかりでしょう。「あなた方の英雄的行為をわれわれはいつまでも忘れない」「We don't forget」「Remember」「Thank you」「Rest in peace」など、これらの言葉がほとんどなのですね。

　第1次欧州大戦(1914〜1918年)で亡くなった兵士は、敵味方合わせると600万名以上。市民が巻き添えとなって亡くなったのは1,200万人以上。公式の発表でもこれだけ膨大な数の死者を出した戦いだったにもかかわらず、これらの慰霊碑や慰霊塔のなかで、明瞭に反戦の意思を込めていると私が確信したものはただの一つもありませんでした。

　欧米ではドイツ語でもフランス語でもイタリア語でも第1次大戦は「偉大な戦争」と呼ばれる。英語で「Great War」、フランス語で「Grande Guerre」といった具合です。第1次大戦だけを偉大な戦争と呼ぶんですが、なにが偉大なのか。「偉大」という形容詞は、実を言うと次のような意味を持っていたのです。すなわち、この大戦争は地球上から、人類の歴史から、「戦争」という愚かしい行為をいっさい葬り去ってしまうための崇高な目的を持った最後の最後の戦争である。だからわれわれはここに命を賭し、一命を捨てることに価値がある。この戦争は偉大なのだ。戦争を終わらせるための戦争なのだから、というわけです。

前田　私たちは第1次大戦、第2次大戦と言いますが、最初から第1次大戦と呼ばれていたというのは思い込みにすぎませんよね。第2次大戦が起きて初めて第1次大戦という言葉ができたはずです。それ以前は「偉大な戦争だ」った。

立野　そうなんです。第2次大戦のことを「偉大な戦争」とは呼ばない。将兵および巻き添えを食った市民が多数死んだ。それはとうてい第1次大戦の時の比ではなかった。この時になって初めて、戦争はもう嫌だということになった。非戦、反戦といった記念碑やモニュメントが各地に見られるようになりました。第1次大戦を契機としたものにそういうものはほとんどありません。

　人間は1回の悲劇で学ぶことができないのか。2回目の悲劇でようやく学ぶが、もはやこの悲劇には3度目の悲劇はない。なぜならば広島と長崎がそれを証明したからです。それでもわれわれは記念碑をつくりますが、例えば硫黄島の高台に記念碑が建っています。記念碑には揮毫した人物の名前が大きく刻まれている。数年前、アメリカの映画監督、クリント・イーストウッドが『硫黄島からの手紙』『父親たちの星条旗』という2部作をつくりました。その冒頭、硫黄島のあの高台がカメラに映ると、その記念碑があるわけですね。アメリカから訪れた遺族たちが花を捧げている。ぐるりとカメラがパンして、またもとのところに戻ってくる

とその記念碑をクロースアップで写し出す。すると「岸信介」と書いてあるんです。驚くじゃありませんか。

　A級戦犯容疑者だった人間が、堂々と硫黄島の慰霊碑にその名前を刻ませている。これが日本の現実であります。だから「国家の慰霊」に対する「民衆の慰霊」をいよいよ考えざるを得ない。非常にまどろっこしいようではありますが、一歩一歩、私の人生でもし終わらなくても、私の息子が、娘が、あるいは私の学生たちが、というふうに気長に受け継いで行くことが大事だろうと考えるのです。一方では、昨今の憲法改悪・国民投票法への動きなどを見ていますと、これはあまり悠長にかまえていると手遅れになるのじゃないかという心配もありますけれどもね。

祖母の沈黙をどう理解するか

前田　歴史のなかから、庶民のなかから生み出され、育まれてくる非戦、反戦について、ご著書のなかでは、立野さんの個人史に引き付けて展開されていますね。

立野　そうおっしゃっていただいたので、ここで一つ母親の自慢をさせてください。私の母親は、先の大戦で二人の弟を中国戦線とシベリア抑留で失っているんです。母親は、私が小学校に入った時、私が戦争ごっこをやって遊んでいるのを見るとひどく叱ったものです。それでも息子は戦争ごっこを止めませんでした。西部劇ごっこや、ギャングごっこや、チャンバラ時代劇ごっこなどと並んで、戦争ごっこは子どもたちの情熱でしたし、血沸き肉躍った。息子もただの子どもであったわけですから、そういう面白い遊びを止めるなんて思いもよらなかったのですね。

　そうこうするうちに、母親がある時、息子にこう言ったのです。「今度もし戦争が起こったら、お前の右手の人差し指をぶった切るからね。私がこの手で包丁でぶった切るからね」と。なんだか子ども心にも異様な迫力を母親の言葉に感じたからでしょう、下を向いて黙り込んでしまった。

　ですが、その後、その時の場面を思い出すたびに、私は母親の志を心から尊敬せずにはいられなくなったのです。あの時よくぞ言ってくださった、と。無邪気な子どもだった時分には、母親があれほど思いつめたような顔をした理由も意味もしかとはわかりかねたのですが、なにしろ母親の血相を変えたような真剣なまなざしだけは脳裏に焼きついたのですね。思い返してみると、あれが、反戦・非

立野正裕

暴力というものを考えてゆく時の、私の個人的な、極めてプライベートな一つの原点になったのかもしれません。

　殺すよりは殺されるほうがましである。しかし、殺されるのも親としてとうてい忍びない。だったら鉄砲を撃てないように指1本ぶったぎる。相手も殺さないし息子も死なずに済む。非国民として投獄されることがあっても、初めから人指し指がなければと。必ずしも親のエゴイズムばかりというわけでもなかったと思うのです。さすがにこの歳になってみますと、いまの自分にはわかるのですね。母親は実の弟二人を失った。そして母親の母親は86歳からぼけまして、96歳で死ぬまで10年間ぼけていました。私が故郷に帰って「おばあちゃん、しばらく」と声をかけますと、亡くなった二人の息子のどちらかの名前を孫である私に向かって呼ぶのです。私はそのおばあちゃんの亡くなった息子つまり私にとって叔父のさらに父親以上の年齢になってしまっている。それでもぼけた祖母が私に向かって、「留吉、卯之吉、よく来た。ささ、こっちへ上がれ」と言うわけです。

　しかし生前、祖母は、失った二人の息子については一言も語りませんでした。名前を口にするのさえ1度も聞いたことがありませんし、母も一番下の叔父も叔母も聞いたことがないと言います。二人の息子を失ったことをずっと黙って語らぬまま、祖母は半世紀以上も息子たちの思い出を胸の奥に秘めたままで生きとおし、とうとうそのままこの世を去ったのです。私は今度の著書（『黄金の枝を求めて』）に、そういう祖母の沈黙の持つ意味についても書きました。

　戦争の悲惨を余儀なくされた日本庶民のこの沈黙、息子たちを失った母親の沈黙の深さを、たんなる沈黙と受け取ってはならない。たんなる「無言」と受け取ってはならない。胸にたたまれた沈黙の深さを推し量って、そのなかにどのような悲しみや悲哀が込められているのか。これを掘り起こし、言葉にする。それは平和時代に生きているわれわれの務めであり、責任だと思うのですね。これが日本人である私の、いわば死者からの委託というものの受け止め方であります。

前田　父と息子にしても、母と息子にしても、あるいは母と娘にしても、戦争の大波を潜り抜けるなかで、庶民の非戦意識が生み出されてくるのは、戦争体験から言って当然と言えば当然ですが、実際にはいっそうの戦争意欲を生み出す場合もあり得ます。この辺りは、もっと踏みこんだ議論の積み重ねが必要ではないかと思います。

社会のなかで芸術家が担う課題とは

立野 文学にかぎらず、音楽であろうと、絵画であろうと、あらゆる芸術ジャンルが20世紀から以降、自分たちの芸術の課題はなんなのか、と真剣に考えていると思うんです。

　例えば、現代ドイツを代表する芸術家の一人にケーテ・コルヴィッツ（1867～1945年）がいます。絵も描きましたし、エッチングも描きましたが、同時に彫刻家でもありました。コルヴィッツはすでに第1次大戦の前から、ドイツ現代を代表する表現主義の偉大な芸術家の一人と目されていましたが、大戦が始まった時、自分の末息子が「お母さん、ぼくは戦争に行く」と言ったんです。まだ高校生ぐらいだった。だが、母親として戦争に行ってはならないと息子を止められなかった。ドイツは正しい戦争にこれから向かおうとしている。それなのに自分が母親のエゴイズムから、「行ってはだめだ」などとどうして息子に言えただろう。ところがその息子はベルギーであっけなく戦死しました。開戦のその年の10月のことです。まだ18歳の若さでした。

　戦没して間もなく、この戦争は間違っている、イギリスも間違っているがドイツはもっと間違っている、ということにコルヴィッツは気がついた。自分はいったいこれまでなんのために芸術をやってきたのか、と根本から自分の芸術と人生を反省せざるを得なくなったのです。

前田 そしてコルヴィッツは、父親と母親二人の彫像からなる『嘆きの両親像』という畢生の大作を手がけるわけですね。

立野 そうです。ところが、つくってもつくっても、どうしても母親の個人的な悲しみしか表現できない。しかし私の息子だけが犠牲になったのではない。だまされたのは自分もだが、息子もだ。いやドイツの多くの若者たちも、またドーヴァー海峡の向こうのイギリスの若者たちも、皆だまされたのだ。2度と戦争を起こしてはならない。その父親と母親の嘆きこそ、後の人々のための記念碑としてつくられなければならないと考えました。作品を何度もぶち壊し、18年かかってようやく完成させた。

前田 ちょうどヒトラーが政権を取ったばかりの頃ですか。

立野 そうです。したがって、せっかく仕上がった彫像を彼女は公然と展示することができなかった。それで彼女はこれを梱包して、人目につかぬように用心しながらベルギーの北部に運んで、一つのドイツ軍墓地の一番奥に、わずか7人でこれを設置しました。

立野正裕

父親の像は跪きながら前方を見ている。母親の像はうなだれて下を見ている。5、6年前の夏、その墓へ私は行ってみたのです。うつむいた母親の視線の先を辿って行きますと、そこに平たい墓石がありました。墓石にはドイツの少年兵士たちの名前が刻まれています。その一番上に「ペーター・コルヴィッツ」という名前が読まれた。それがコルヴィッツの息子の墓標でした。

前田　胸が痛みますね。では、音楽の世界ではどうでしょうか。

立野　音楽またしかりです。イギリスに例えばベンジャミン・ブリテン（1913〜1978年）という作曲家がいます。『戦争レクイエム』というシンフォニーが有名ですね。反戦の意味を込めた傑作ですが、ブリテンは、ただ反戦のメッセージを込めて作曲しただけではありません。第1次大戦で、彼は従軍を拒否した。従軍を拒否すれば日本と同じように村八分にされます。自分だけじゃない。家族も、親戚もです。

　にもかかわらず、彼は自分の信念にまちがいはない、家族が受ける圧迫は家族自身が受け止めるべきだ。こう考えて断固非戦を貫いたのです。これがイギリスの個人主義であります。こういう個人主義をわれわれもまたわがものとしなければなりません。一人でもやる。しかし、一人でやるのには限界がありますから、二人、三人とスクラムを組む。これが運動であり、私が参加している運動の本質は、一人でもやる。だが、二人ならもっと強い。5人なら、10人ならもっと強い。このように団結して、支配階級に負けない力をつくって行く。これが理想であり、ヴィジョンであり、夢であります。当分のあいだは「大いなる幻影」かもわかりませんが。

前田　文学者がスクラムを組むことは可能とお考えですか。

立野　可能でしょう。己の個性と独立性とは維持する。しかし知識人であれば、なにが理で、なにが非であるか。これを見抜く理性がありますから、理性が許すかぎりはスクラムを組む。大事なことは、ある一つのことでスクラムを組んだら全部スクラムを組まなくてはならないというふうには考えないことですね。日本ではあることでスクラムを組むと、すぐに全面化しようとする傾向がありますが、それがよくない。欧米では、この催しに君は行く？　私は今日は行かないよ、といったふうにちゃんと分けるんです。私は村上春樹にかなり批判的なんですが、彼が外国生活の経験を踏まえて発言していることには当たっている面もある。自分が関与し参加するその次元や領域や自分にとっての関心が、果たしてはっきりと自分の主体を持って参加できるかと考えて、行動を自分で決めるのが欧米人だが、日本人はまだまだそれができないという意味のことを言っています。

前田　欧米人が政治的な行動をする時は、お付き合いなんかで政治参加するわけではありませんからね。

「兵士の論理を超える」をイメージする

前田　もう少し先へ歩みを進めて見ましょう。立野さんの本のなかに「兵士の論理を超える」という章があって、これは作家の大西巨人（1919年〜）の『神聖喜劇』（ちくま文庫、光文社文庫など）を始めさまざまな作品を受け止めながら書かれています。私が「非国民」という議論をする場合、兵士ではない、市民である非国民の立場で、権力との対抗関係のなかで非国民とされてきた人々を取り上げてきたのですが、立野さんの場合には、むしろ兵士にされた庶民の若者たちが、どういう状況に置かれて、どういうふうに自分と向き合い、兵士の論理を超えて行くのか。そういうことが書かれているんですね。一般の市民的不服従というレベルではなくて、兵役につかせられてしまって以後に、どのような段階や道筋があるのか。それが書かれています。

　兵士が、兵士に置かれた者が兵士の論理を超える。ここに軍隊の論理を超えるという書き方ではなくて、兵士の論理を超えるという、まさに主語が「わたし」であって、私自身が兵士の論理を超えるという問題がある。その辺りをかいつまんでお話しいただけたらと思います。

立野　いまのご質問に関して、答えの代わりになると思いますから、エピソードを一つご紹介したいと思います。

　兵士が兵士の論理を超える瞬間を、いくつかの文学作品が言語化しておりますが、例えば長谷川四郎（1909〜1987年）です。この方は長年シベリアに抑留されていましたが、中年になってからようやく日本に帰って来た。帰ってから本格的に作家活動、翻訳活動をなさり、詩人としてもすぐれた詩をお書きになりました。帰国後まもなく書かれた代表的な短編の一つに『鶴』というのがある（講談社文芸文庫、1990年所収）。

　物語の最後の辺りに非常に感動的な場面があるのです。それは「暴力と非暴力」の論議はもとより、「兵士の論理を超える」というヴィジョネール（ヴィジョン）というか、夢というか、そういった非暴力の想像力を掻き立てるようなくだりで、読んでいて鮮烈なイメージを喚起させられる。

前田　長谷川四郎自身の経験がそこに反映しているのでしょうか。

立野　おそらくそうでしょう。ソ連と満州との国境線の警備で主人公が監視哨

に行かされ、歩哨に立つんです。そして望遠鏡で国境の向こうのソ連兵の動きを監視している。ある日同僚兵士と交代して望遠鏡を覗くと、レンズの向こうに1羽の鶴が映っていた。同僚兵士はいままでその鶴を見ていたわけですね。辺りは一面の湿地で、鶴の背後には背の高い葦が生えている。葦の向こうは草原になって灰色にかすんでいる。それから小高い丘につながって丘のかなたには泉が点々と見える。その向こうには広漠とした原野が横たわっている。さらにその向こうに視線を這わせて行くともう天空である。これらの自然を背景にして1羽の鶴が直立しているのです。

　その鶴に望遠鏡の焦点を当ててじっと見つめている。ドジョウかなにかをついばんでいるのか、長いくちばしで湿地帯をつつきながら鶴は悠々と歩いている。すると鶴の背後の草原のほうから、馬に乗った一人の男が姿を現わす。馬から降りて銃をかまえる。ひそかに匍匐しながら鶴に向かって動いて来る。用心して風下から近づいてくる。鶴を仕留めようと思っているのは明らかです。

　あ、あの鶴がやられる、と歩哨は思う。ではどうするか。歩哨はその男を撃つのか。それとも空砲で鶴に危険を知らせるか。それとも無言でじっと見守るのか。皆さんはいずれとお思いですか。銃を撃つとすれば当然発砲音がしますよね。鶴も逃げるでしょうが、同時に相手もこちらに気がつく。小説では、歩哨は撃たないのです。撃たないでじっと望遠鏡を覗いている。鶴は生き物の本能でしょうか、怪しい物音を聞きつけたのでしょうか、ふわっと羽を広げて飛び立つんです。ゆっくりと飛び立って、悠々と天空に舞い上がって行く。歩哨がその姿を追う。鶴は一瞬だけ空中に静止したように見える。次の瞬間、広大無辺な空間の奥深くその姿は消えて行く。だんだん小さくなり、点になって消えてしまう。それを歩哨の目がずうっと追っている。

　われわれがヴィジョンを感じさせられるのはここのところなんです。歩哨は軍服を着ているし、銃も持っている。しかし、望遠鏡を覗いている人物はいまは鶴を見ている。鶴は明らかになにかを象徴しているわけでしょうが、なにを象徴しているのか。作者はなにも言っていない。しかし、鶴の行方を追っている時、歩哨もまた同時に鶴と同じように飛翔していることだけは確かでしょう。精神が地上を飛び立っている。ですから、彼は軍服は着ているが、心は、魂は、もはや兵士ではなくなっている。

前田　長谷川四郎は詩人でもありますから、論理的には飛躍かもしれませんが、イメージとして表し、兵士もまた鶴の飛翔する姿を夢に見るのだと言っているわけですね。

立野 ええ、夢を見ることができる、それが人間なのだということなのです。軍服を着せられ、軍服にがんじがらめにされて、兵士の論理に抑圧されている兵士は、もはや夢を見ることも稀かもしれない。だが夢を見ることができるあいだは、軍服は着ていても、銃を持っていても、人間としての可能性を持っているということなんですね。シベリア抑留生活を何年も送った長谷川四郎が、そのイメージを小説に託した。抑留中も、重労働・強制労働に従事しながらも、鶴のイメージを心に抱き続けた。長谷川四郎はそういう人だった。後のさまざまな長谷川さんの仕事を考える時、この鶴のイメージを思い出して私は感動を禁じ得ません。
　……いかがでしょう、皆さん。これは「兵士の論理を超える論理」ではないとしても、イメージの力として論理と対応しているのではないかと私は思うのですけれども。

前田 大西巨人の「論理」にも圧倒されますが、長谷川四郎の「イメージ」にも圧倒されますね。余計なコメントを付すよりは、みなさん、それぞれに思いをめぐらせていただいたほうがいいのではと思います。

村上春樹の「壁と卵」の生ぬるさ

前田 「非暴力の可能性と文学の可能性」をめぐってお聞きします。これは日本語としてほとんど意味をなさない言葉だと思われるかもしれません。いまの話の流れで行くと、まさに「非暴力=文学」でなければいけない。文学が非暴力の可能性をいかに人々に提供しているのか。あるいは、すでに兵士となった者に対して、文学がかなりイメージを提供し、兵士の論理を乗り超えさせる手がかりとなると思うのですけれども、そういう非暴力の可能性と文学の可能性。逆に言うと、文学作品のなかに、むしろ暴力が刻み込まれている。そういう文学も現実に存在していると思うのですけれども、その辺りを対比して、一方で非暴力を追求する可能性を求めつつ、文学のなかに、そうした矛盾と言うのでしょうか——それは文学ではないのだと言ってしまえば簡単に片付くのでしょうが——文学が孕んでいる暴力の契機と非暴力の契機。その矛盾と相克をどういうふうに見て、そのうえで文学がいかなる可能性を持っているのでしょうか。

立野 非暴力の可能性を文学はどういうかたちで表現するのかという問題ですが、戦前はいざ知らず、戦後の文学は、日本帝国主義が犯した過ちを文学の反省を込めて十分認識しようとするところから出発したはずです。その意味では自覚的だった。

立野正裕

ところが昨今の文学状況を見ますと、必ずしも文学が非暴力や非戦、反戦の可能性をしっかりと自己の課題として認識しながら追求しているというふうにはどうも考えにくい。ここにおいての皆さまのなかに、あるいはファンの方がおられて不愉快をお感じになるかもしれませんが、あえて一人の作家の場合を私は申します。

　つい先ごろ、世界にその名を知られる一人の日本の作家が、イスラエルで「エルサレム賞」という有名な賞を受賞しました。作家はさきほども言及しましたが村上春樹です。最近出版したばかりの『1Q84』という長編小説は、すでに100万部を突破したとのことです。村上春樹と私とはほぼ同世代です。これまでいくつか作品を読みました。初期の『風の歌を聴け』や『羊をめぐる冒険』、それから『アンダーグラウンド』などですね。彼の代表作の一つは『ノルウェイの森』とされていますが、その上下2巻を読んで、自分にとってはこの人の小説はなんの関係もないらしいと思いましたので、以降、エッセイなどをたまに拾い読みすることはあっても、小説作品は読んでおりません。

　しかし、文学者としてというよりも「社会現象」として無視できない存在であることは事実です。なぜならそれが、例えばガザ攻撃のさなかのエルサレム賞受賞というように、国際的な政治の文脈を持った場に、あるイデオロギーの衣装をまとったかたちで現われてくるからです。そういうかたちで現代社会に普及する、文学的な衣装をまとったイデオロギーの政治的な作用といった面を無視し去ることは、特に現代世界ではやはりできないのです。

　したがって私は、村上春樹のエルサレム賞受賞については、ファンの方よりもむしろいっそう強い関心があり、情報を集めようとしている一人かもしれません。その私から言いますと、村上春樹の文学のあり方に、反戦もしくは非戦、もしくは非暴力のメッセージが現われているのか、それともそれは意匠または衣装にすぎないのか、これは疑問ですね。彼のイデオロギーはおそらく反戦、非戦、非暴力であろうとは思うのですが、問題は、小説家は言語を使って、その表現されたものの具体性と流通の仕方を通じて、非暴力というものをどのように世界に向かって伝えて行くのかということなんです。

前田　エルサレム賞受賞のニュースが流れた段階で、インターネット上などでも「受賞を拒否せよ」とか「受賞式に行かないでくれ」という要請をした市民がたくさんいました。ご本人にどれだけ届いたかはわかりませんが、結果的にエルサレムに行って、例の「壁と卵」の話になったわけです。いろんな受け止め方があって、受賞したこと自体への厳しい批判が一方にあると同時に、「壁と卵」と言ってきた

ことを評価する人もいたり、あるいは受賞式で並んだんだけれども必ずしも思いを同じくしているわけではないので、それなりの立場で受賞したのではないか。あるいは、あれはエルサレム市そのものがやったわけではないという人もいました。一応民間の――ほんとは民間じゃないのですが、一応民間のかたちをとった賞であると。そして、受賞の言葉としては「壁と卵」を言うのが精一杯だったのであろう。村上春樹はよく頑張ったのだと評価する人もいるようです。立野さんはすでに、かなり厳しいご批判を明らかにされているわけですけれども、村上春樹というビッグネームの作家が、あそこまで言ったと評価する考え方について、どのように考えられているでしょうか。

立野 それが、文学現象ではなくて社会現象だと申した理由の一つなのです。文学者というのは、ミリオンセラーになるのはけっこうです。例えば19世紀のアレクサンドル・デュマの『モンテ・クリスト伯』、これはロングセラーかつビッグセラー、ミリオンセラーですよね。歴史が変わっても、この小説はけっして絶版になることはありませんし、老若男女問わずあれを読むと興奮いたしますね。

　デュマのように誰からも愛読されるケースがあることは承知のうえでありますが、しかし現在における作家や知識人は絶対少数派である。それは現代文学というものの置かれた特質によってそうならざるを得ない。なぜなら、現代の知識人や文学者は大多数の人々が聞きたがらないこと、知りたがらないことをあえて言葉にし、フィクションにして表現する。これが二つの大戦を経験した現代文学の特質であり、また作家が自覚すべき使命でなくてはならない。あるいは責任でなければならない。

　したがって、村上春樹がエルサレムに出かけて行って、あの程度の発言をすることが精一杯だったのだ、という評価に私は与しません。村上春樹は『文藝春秋』のインタヴューにおいて、自分もある程度はパレスチナ問題に関心を持ち、知識を持っていると述べている。ですが、これも私はほとんど信用していません。あの人は実際にはあまり世界を知らないんじゃないでしょうか。

前田 知識を持っていることと、本質を正しく理解していることとは、大きな違いがあります。

立野 第1、エルサレム賞は民間の賞などではありません。民間の仮面をかぶった国家賞であります。そのことはすでに『隠喩としての病』『他者の苦痛へのまなざし』のスーザン・ソンタグ（1933～2004年）が――数年前に癌で亡くなったアメリカの批評家かつ作家かつ映画作家でもあるソンタグが、やはりエルサレム賞を受賞した時に行ったスピーチと読みくらべてみれば、はっきりわかります。

ソンタグはユダヤ系アメリカ人ですが、イスラエルの政策を根本的に批判しました。その舌鋒は極めて鋭いものがありました。もちろん会場からブーイングが起こりましたが、彼女はひるみませんでした。それが知識人というものです。お断りしておきますが、ソンタグのイデオロギーは私とはだいぶ違いまして、私にとっては、というのも僭越ですが、あえて申しますと「仮想敵」の一人でした。『精神のたたかい』と『黄金の枝を求めて』をごらんになればおわかりのように、私はソンタグの言動を数回にわたって批判してきました。にもかかわらず、私は尊敬すべき知識人、もしくは尊敬すべき敵と、尊敬に値しない味方と、これははっきりと区別して考えなくてはならないと思っております。
　味方であっても尊敬に値しない人は獅子身中の虫になり得る。尊敬すべき敵は、敵からまた学んで、われわれ自身を強くすることができる。これはゲーテが私に教えてくれたことです。孫子も教えています。敵を知り、己を知らば百戦危うからず。これを戦争の論理ではなく、平和の論理としてわれわれは使うのです。
　村上春樹に話を戻しますと、彼は自分が書いたスピーチ原稿をあらかじめエルサレム賞選考委員会に送っているんです。そして全くチェックが入らなかったと、そのことを堂々と『文藝春秋』の記者に語っている。いやむしろ抜け抜けと、あるいはしゃあしゃあとして恥じらいも見せずにそのことをしゃべっている。私が唖然とさせられて、この人はなにもわかっていないと思った理由の一つでもあります。
　エルサレム賞選考委員会の背後に控えているのはイスラエルという「壁」でしょう。原稿を見せろというのは壁の側からの要求でしょう。そんなことがわからないはずがない。にもかかわらず唯々諾々「はいよ」と出したんです。なんでこれが「壁と卵」なもんですか。なんの検閲も受けなかったと言っている。向こうが心が広いと言いたいのか。そうではない。先方はこれぐらいの批判ならば甘んじて受けるという身ぶりを示したにすぎません。懐の深いところ、広いところを世界に示して見せるためには、これくらいの「中辛口の批評」があってもよいと考えた結果です。なにしろソンタグのものすごい批評にさえ、エルサレム賞を出しているんですからね。
前田　壁と卵という問題を立てれば、誰だって「卵の側に立つ」と簡単に言えてしまいます。「壁の側に立つ」などと言う人がどこにいるでしょうか。
立野　日本の読者がソンタグのことを知り、あるいはイギリスの哲学者バートランド・ラッセル(1872～1970年)のことを知り、これまでのエルサレム賞受賞者がどんなスピーチを行ったかを読みくらべてみれば、いかに村上春樹が生ぬる

いスピーチしかできなかったかは歴然としています。もう一人、先年物故しましたが、有名なアメリカの劇作家で、アーサー・ミラー（1915～2005年）という人がいますね。『セールスマンの死』（1949年）でつとに知られている。そのミラーもユダヤ系アメリカ人でした。彼はエルサレム賞を受賞したものの、エルサレムに行かずに、代わりにスピーチを送りました。そしてその原稿のなかで、現在のイスラエルの政策を抜本的に批判しました。これが知識人であり、文学者というものである。彼らの態度にくらべれば、村上春樹は社会風俗現象に過ぎません。ですから私が彼を現代作家として真剣に考えるに値する仕事をしている重要人物と思ったことはありません。

現代知識人の責任とは

前田 私は専攻が刑法学なのですが、刑法を専攻することは何を意味するかというと、戦争を除けば国内では最も厳しい国家暴力の発動に直接かかわる学問なんですね。いろんな問題がありますけれども、一番わかりやすいのは「死刑」問題です。大学院に入って刑法を研究しようとする時に、自分に問われるわけです。死刑をどうするか。これは賛否明確じゃないとそれ以降、研究なんてできない。裁判官、検察官、弁護士も含めて、研究者も含めて、自分の名において人の命を奪うような理論、あるいは判決、そういうものにどう対処するのか。どんなに呑気でも、刑法を専攻する研究者はそこで自分の存在について問わざるを得ない。

　文学の場合どうなんでしょうか。立野さんのようなかたちで問題を立てられる文学者もいるわけですけれども、文学者がこういうかたちで、例えば村上春樹の受賞について、その現象をいかに把握するのかという、文学者の責任をどう意識化するのか。あるいは大袈裟に聞こえるかもしれませんが、「現代知識人」という言葉に直面する。どういう契機で、あるいはどういうかたちでそういう問題に直面するのか。文学者は必然的に直面するのかどうか。知識人論も含めて伺いたいと思います。

立野 「知識人」という言葉は、おそらく昨今かなりシニカルに使われる言葉の一つでしょう。例えば、いまの大学教授、例えば、私の同僚たちでも、「自分は知識人である」などと明言する人に私は会ったことがありません。知識人という言葉にはなにか気恥かしい感じがあるらしい。しかし、私は教室で毎年、開口一番、「私は知識人である。また諸君もそうである。そのことをこの1年間かかって私の授業を通じて諸君は勉強する。またそれを理解する。それが私の授業である」

立野正裕

というふうに言います。いかにも大上段にかまえたような言い方ですから、それだけで辟易する向きもあるわけですが、それ以前に、この教師はなにを言っているのだろうというような顔をしている学生がほとんどです。教師たちが知識人の自覚を持たないのですから、学生たちに知識人というものの概念が思い浮かびようがないのも当たり前でしょうね。

　私は「私も知識人のはしくれだから、インテリのはしくれだから」などという言い方をすることはあるかもしれませんが、かといって知識人である自分を冷笑的に、あるいは照れながら、頭を掻きながら言ったことはありません。そういう人を見るとかえって侮蔑の念を禁じ得ない。知識人として自分が三流であることは初めから承知でありますが、しかし、それはまた別の問題なのです。知識人とはなにか、知識人とはいかにあるべきかについては、日ごろから真剣に考えないわけにはいかない。

　ドレフュス事件にかかわったエミール・ゾラ（1840〜1902年）というフランスの自然主義の作家の伝記を昔読んで以来、知識人のなかでも特にゾラのような人を尊敬してきましたが、知識人論で近年、一番影響を受けた本を挙げるとすれば、それはエドワード・サイードの『知識人の表象』という著書でしょうね。邦訳では『知識人とは何か』（平凡社ライブラリー、1998年）という題名になっており、こちらのほうが内容に即していて単刀直入です。その著書のなかで、知識人とは定義からして少数派であらざるを得ないということをサイードは言っています。

前田　エドワード・サイード（1935〜2003年）は、パレスチナ系アメリカ人文学者・批評家です。『オリエンタリズム』（平凡社ライブラリー、1993年）はあまりにも有名ですが、『パレスチナ問題』（みすず書房、2004年）など、イスラエル＝パレスチナ問題について、生涯、発言し続けました。現代を代表する知識人ですね。

立野　では、知識人が少数派であることを運命づけられているとはどういうことか。知識人は一個の個人であり、公衆に対し、または公衆になり代わって、メッセージや、心がまえや、思想や、意見を代弁し、表象し、具現化し、明確な言葉として語ることができる人間でなくてはならない。大衆がもしかしたら眉をひそめるかもしれないような意見でも、それを知識人はあえて公の場で言明しなくてはならない。一見正統と思われている言説や考え方を批判的に吟味する姿勢を持っていなくてはならない。政府与党や企業や官庁などの公式見解を鵜呑みにしたり、代弁したりするような言説を、自分に戒める批評意識が常に必要である。このことの自覚ですね。これがサイードの言う知識人です。

　一方、もっと簡単に知識人を定義しているのが大西巨人です。知識人という特

別の存在を措定するのはまちがいで、本を読んで、ものを考えて、行動する人間であるならば、生業が大学教授や作家のようないわゆる知的職業であろうとなかろうと、つまり農業をやっていようと、鉄道線路の補修に従事していようと、誰でもれっきとした知識人なのである、と大西さんは考えておられる。この場合、ものを考える人間というところに注意する必要があるわけです。これは自分の責任で考えて行動するということであって、そのために本も読むし、芝居や映画も見るし、絵も見る。

　その意味からすると、付和雷同するような人は本当の知識人とは言えない。テレビのコメンテーターとして出てくる評論家や作家や弁護士や大学教授やジャーナリストといった連中は、まともな知識人とは申されない。彼らは世間一般のものの見方に頂門の一針を加えるような発言をしているかに見えても、実際はお気楽な通俗番組のなかで、現在の大衆の漠然とした期待や情緒を浅く掬い取って、耳に心地よい舌のそよぎに乗せているだけである。結果としてかえって現在の世論の通俗性を下から支えている。さきほど村上春樹のエルサレム賞受賞演説の生ぬるさということを私は申しましたが、私がエッセイでそれを批判した時の締めくくりの言葉をもう一度引用します。

　「作家とは、人々があえて聞こうとはしないことに耳を傾けさせるために、レトリックを駆使する、あるいは『嘘』を工夫し続ける存在でなくてはならないのだ」。

　これが現代の文学者や知識人のあり方だろうと私は思います。まあ、日本の現在の大衆的感覚からしたら、聞きたくないことを聞かせようとするんですから、神経を逆なですることになりかねない。だからいっそ非国民と呼ばれなくてはならないところでしょうね。

あとがき

――「非国民」とは、風変わりなタイトルの本ですね。なぜいま「非国民」なのでしょうか。

前田　勤務先の大学で「非国民」という授業をしています。たぶん、日本に一つしかないでしょうね。

――世界に一つでは(笑)。

前田　そうかもしれません。2006年から3年間かけて、秩父事件の井上伝蔵、大逆事件の管野スガと幸徳秋水、社会主義に目覚めつつあった石川啄木、金子文子と朴烈、川柳で時代と格闘した鶴彬、中国から日本を痛撃した長谷川テルを取り上げました。

――今回は歴史上の人物ではなく、現代の人物にインタヴューしたわけですね。

前田　歴史上の人物も調べ続けています。最近は治安維持法による弾圧と闘った人々をまとめています。しかし、本書では現代の「非国民」状況に迫ってみることにしました。1990年代後半からナショナリズムが沸騰し、いつの間にか日本はミリタリズムの世界に突入していますので、同時に「非国民」が狩り出されるような社会的土壌ができてしまっています。

――ミリタリズムですか。

前田　ええ、軍国主義と言うと、直ちに「そんなことはない」という声が返ってくるでしょう。でも、日本の政治を見ていると、明らかに軍事的思考が浸透しています。防衛庁から防衛省へ、イラクやソマリア沖への自衛隊派遣、朝鮮に対する制裁騒動、沖縄の米軍基地問題など、憲法前文や第9条を全く軽んじて、軍事的思考が堂々とまかり通っています。

――ナショナリズムとミリタリズムが現在の特徴でしょうか。

前田　時代状況を指し示す言葉はいくつもありますが、ネオリベラリズム、グローバリゼーションなどカタカナ言葉が目立つのは、アメリカを中心とした〈新

帝国主義〉の時代だからです。

——グローバリゼーションに即応して、日本ではナショナリズムとミリタリズムが浮上してきたのですね。

前田 そうです。2010年6月の鳩山政権崩壊はその一局面と見ることができます。在日米軍普天間基地の辺野古移転問題は、大きな枠組みではポスト冷戦時代の米軍の世界的再編問題です。それが日本では、沖縄への基地押し付けと差別、朝鮮半島や中台海峡の有事への対応として現象しています。実際には有事への対応ではなく、朝鮮や中国に対するあからさまな挑発であり、有事を招き寄せるために発動されていると見るべきです。

——東アジアの緊張を高めて誰が得をするのでしょうか。

前田 「非国民」を狩り出して自分は「国民」の側にまわると思っている人々全体です。でも、そんなことはあり得ません。政治的緊張が軍事的緊張へと転化していけば、そうした人々も含めて、大きなツケを払わされることになります。

——誰だって武力紛争だけは回避したいですよね。

前田 「国民」は必ずしもそうは考えないのです。

——でも、世論調査でも、みんな平和を願っているのではありませんか。

前田 抽象的に平和を願っているのは確かです。しかし、平和を願っているはずの人が一気に戦争モードになるのは珍しいことではありません。2001年の「9.11」直後のアメリカ国民もそうでした。2002年の「9.17」に朝鮮政府が「日本人拉致事件」を認めた後の日本も異様な戦争モードでした。

——ナショナリズムとミリタリズムが沸騰するわけですね。

前田 そうです。「平和がいいね」とだけ言っていると、「平和のための戦争」論に抵抗できません。戦争の熱狂に陥らないために、〈非暴力・非武装・無防備・非国民の平和力〉を磨く必要があるのです。

——なるほど、ようやくわかってきました。本書の登場人物は〈非暴力・非武装・無防備・非国民の平和力〉の実践主体ということですね。

前田 そのとおりです。第1部「自分を生きる」では、まず鈴木裕子さんに登場していただきました。「私自身を生きる——金子文子」と題して、金子文子を語りつつ鈴木さん自身を語ってもらいました。日本女性史研究の第一人者であり、日本軍性奴隷制についての研究も続けてきた鈴木さんによる「帝国のフェミニズム」批判は、現代思想の最重要課題のはずです。

──根津公子さんが主人公のドキュメンタリー映画『君が代不起立』(ビデオプレス)は私も見ました。

前田 戦争への道をならすために個人の主体性を押し潰そうとする権力に対して、根津さんが「自分を偽らないために」選んだ、停職処分を受けても出勤し続けるという「停職出勤」の闘いは、多くの人に勇気を与えています。こういうやり方があるのかと。他方、元国立市長の上原公子さんの「自治と平和をつくる闘い」は、市民派の上原さんの理論的な闘いを披露してもらいました。市民派が「権力」の座について適正に職務を行うために現場で理論を活かす闘いです。

──第2部「差別と闘う」の冒頭に安里英子さんが出てくるので、最初は違和感がありました。

前田 そうかもしれませんね。でも、安里英子さん、金静寅さん、辛淑玉さんと続き、辛さんのお話では朝鮮人差別と部落差別の両方が話題となっているように、日本におけるさまざまな差別について考えることが必要です。

──沖縄の基地問題が安全保障や憲法9条にかかわる問題であると同時に、沖縄に対する差別問題だということは、2009〜10年の普天間基地問題で、ようやく見えてきました。

前田 沖縄の人々は以前から差別だと指摘し、解決を求めてきました。なかには「無意識の植民地主義」という表現で日本による沖縄に対する植民地支配を徹底的に批判している人もいます。2010年5〜6月の政治を見れば、この見方にも根拠があることがわかったはずです。鳩山政権は「抑止力神話」に乗っかって、全てを放り出してしまいました。菅政権は、仕切り直しを拒否して、鳩山政権の決定をそのまま引き継いでしまいました。

──私たちは沖縄を犠牲にして日米安保の傘の下の「平和」に安住するしかないのでしょうか。

前田 日米安保が沖縄を、アメリカのアジア侵略の拠点としていることに眼を塞いでいる「国民」は、擬似「平和」で満足しているのでしょう。侵略と差別の共犯となって、「非国民」を叩くことを「平和」と呼んでいるのですから。

──彼らの「平和」は私たちの「戦争と差別」、というわけですね。

前田 そうです。そのことは、朝鮮戦争やヴェトナム戦争の時から明瞭になっていたはずです。少なくとも、在日朝鮮人は日本人の「平和」の欺瞞性を指弾してきました。本書では、金静寅さんに「在日朝鮮人に対する差別」をお話いただきま

した。在日朝鮮人に対する差別にも時期によって変容があります。

——辛淑玉さんの「差別と闘うエネルギー」は、朝鮮人差別と部落差別の両方が出てくるので、読んでいて混乱することもありましたが、いかなる差別も許されないことがよくわかりました。

前田 差別と闘い続けるには本当に大きなエネルギーが必要です。差別する側はさしてエネルギーを消耗せずに気楽に差別できるので、差別に抗する側は最初から不利な闘いを強いられています。侮蔑され、人格を否定され、場合によっては存在そのものを否定されかねないのが、差別です。反差別の思想と論理を鍛え、倦むことも屈することもなく人間らしい生活と権利を守り発展させること、自らの人生を切り拓いて行くことは、困難ですが、意義ある闘いです。

——第3部「時代に挑む」は、かなり大きな射程で時代に迫ろうとしていますね。

前田 木村朗さんの「新帝国主義の時代を生きる」というタイトルは私がつけたのですが、〈新帝国主義〉の社会科学的定義をしないまま、木村さんにお願いしました。言葉の定義よりも、時代状況を大掴みにしてグイッと提示することをめざしています。

——20世紀後半から21世紀への歴史の流れのなかで、世界史がどこへ向かおうとしているのかが課題となっています。ただ、「非国民」とのつながりが見えにくくなったような気もします。

前田 時代の転換期には誰もが「非国民」とならざるを得ない、ということを言いたかったのです。

——立野正裕さんの「精神のたたかい——不服従の可能性」が最後の締めになっているのは、旨く仕組んだな、と感じました。

前田 立野さんへのインタヴュー直後に、参加者から「長いお付き合いですか」「ずいぶんと準備されたのですか」と質問がありました。実は立野さんと初めてお目にかかったのはインタヴュー直前です。面識がなかったにもかかわらず、インタヴューを快諾していただきました。事前準備をきちんとするつもりだったのですが、多忙を言い訳にズルズルと直前までできませんでした。下手なインタヴューにもかかわらず、楽しく、有意義なお話をしていただけました。

——ゲストスピーカーに恵まれたのですね。

前田 優れたゲストスピーカーを次々とお招きした私の力量と言ってほしいですね（笑）。

——ところで、非国民入門セミナーの主催団体である「平和力フォーラム」は聞いたことのない団体ですが。

前田　はい。非国民入門セミナーを主催するために私が立ち上げた「一人NGO」です。

——一人NGOって、要するに前田さん一人ですか。団体じゃない（笑）。

前田　セミナーには多くの方のご協力をいただきました。司会をしてくれた伊東きくえさん（Link to Peace）、うたを歌ってくれた井上ともやすさん、協賛団体として宣伝に協力してくれた『週刊金曜日』さん。

——非国民志願の人たちですね。

前田　記録のテープ起こしは、伊東きくえさんと加藤賀津子さんにご協力いただきました。

——セミナーは20回を越えたそうですから、非国民ネットワークも夢じゃありませんね。

前田　非国民をつくり出さない社会をめざしていますが、当面は、各地の非国民に協力してもらって、声をあげること、抵抗すること、ゆるやかな連帯のネットワークをつくって行くことを考えています。

——お疲れ様でした。

前田　まだまだ、これからです。

編著者プロフィール

前田 朗(まえだ・あきら)
1955年、札幌生まれ。東京造形大学教授。平和力フォーラム代表、日本民主法律家協会理事、在日朝鮮人・人権セミナー事務局長。主要著作に、『戦争犯罪論』(青木書店、2000年)、『ジェノサイド論』(青木書店、2002年)、『軍隊のない国家』(日本評論社、2008年)、『人道に対する罪』(青木書店、2009年)、『非国民がやってきた!』(耕文社、2009年)、『ヘイト・クライム』(三一書房労組、2010年)がある。

平和力養成講座
非国民が贈る希望のインタヴュー

2010年12月10日 第1版第1刷発行

編著者	前田 朗
発行人	成澤壽信
編集人	桑山亜也
発行所	株式会社 現代人文社

〒160-0004 東京都新宿区四谷2-10 八ッ橋ビル7階
Tel 03-5379-0307（代）　Fax 03-5379-5388
E-mail henshu@genjin.jp（編集）　hanbai@genjin.jp（販売）
Web http://www.genjin.jp
郵便振替口座　00130-3-52366

発売所	株式会社 大学図書
印刷所	株式会社 平河工業社
装　丁	Malpu Design（星野槙子）

イラスト　相原秀和

検印省略　Printed in JAPAN
ISBN978-4-87798-466-3 C1036
©2010 by MAEDA Akira

本書の一部あるいは全部を無断で複写・転載・転訳載などをすること、または磁気媒体等に入力することは、法律で認められた場合を除き、著作者および出版者の権利の侵害となりますので、これらの行為をする場合には、あらかじめ小社または編集者宛に承諾を求めてください。